ОТЕЦОТ МОЈ ЌЕ ВИ ДАДЕ ВО МОЕ ИМЕ

Др. Церок Ли

"Вистина, вистина ви велам, што и да побарате од Отецот во Мое име, Тој ќе ви го даде. Досега ништо немате барано во Мое име; барајте и ќе добиете, за да ви биде радоста ваша полна." (Јован 16:23-24)

ОТЕЦОТ МОЈ ЌЕ ВИ ДАДЕ ВО МОЕ ИМЕ
од Др. Церок Ли

Објавено од страна на Урим Книги,
(Претставник: Johnny H. Kim)
73, Yeouidaebang-ro 22-gil, Dongjak-gu, Seoul, Korea
www.urimbooks.com

Сите права се задржани. Оваа книга или некои нејзини делови, не смеат да бидат репродуцирани во било која форма, да се чуваат во обновувачки систем, или да бидат пренесувани во било каква форма или преку било какви средства, електронски, механички, преку фотокопирање, снимање или на некој друг начин, без претходна писмена дозвола од страна на издавачот.

Ако не е наведено поинаку, сите цитати од Светото Писмо се земени од Светата Библија, НОВА АМЕРИКАНСКА СТАНДАРДНА БИБЛИЈА (NEW AMERICAN STANDARD BIBLE, ®, Авторско Право © 1960, 1962, 1963, 1968, 1971, 1972, 1973, 1975, 1977, 1995 од страна на Локман Фондацијата. Употребени со дозвола.

Авторско право © 2009 од Др. Церок Ли
ISBN: 979-11-263-0667-1 03230

Преведувачко Авторско Право © 2009 од страна на Др. Естер К. Чанг. Употребено со дозвола.

Претходно објавено на Кореански од страна на Урим Книги, Сеул, Кореа во 1990

За прв пат објавено во февруари, 2021

Уредено од страна на Др. Геумсун Вин
Дизајнирано од страна на
Уредувачкото Биро на Урим Книги
Отпечатено од страна на Јевон Компанија за Печатење
За повеќе информации ве молиме контактирајте ги
urimbook@hotmail.com

Пораката на изданието

"Вистина, вистина ви велам, што и да побарате од Отецот во Мое име, Тој ќе ви го даде" (Јован 16:23).

Христијанството претставува вера, во којашто луѓето се сретнуваат со живиот Бог, и ги доживуваат Неговите моќни дела преку Исуса Христа.

Затоа што Бог е Семоќниот Бог, Кој што ги создал Небесата и Земјата, и Кој што има власт над историјата на универзумот, исто како и над животот, смртта, проклетството и благословите на луѓето, Тој им одговара на молитвите на Своите чеда, и посакува тие да водат благословени животи, соодветни за чедата Божји.

Секој оној, кој што е вистинското чедо Божјо, со себе

го носи и авторитетот, преку кој го добива правото, да може да се наречe чедо Божјо. Преку овој авторитет, чедата Божји можат да го живеат животот каде што сè е можно, каде што ништо нема да им недостасува, и каде што ќе можат да уживаат во благословите, без да постои причина за завист или љубомора меѓу нив. Водејќи живот преполн со изобилство, сила и успех, тие ќе му ја оддаваат славата на Бога.

За чедата Божји да можат да уживаат во ваквиот благословен живот, тие мораат целосно да го сватат законот на духовниот свет, преку кој се добиваат одговорите од Бога и се прима сето она, што од Него го бараат во молитвите, во името на Исуса Христа.

Ова дело претставува компилација, збирка на пораки, што порано биле проповедани за верниците, особено за оние, кои без сомнеж веруваат во Семоќниот Бог, и кои што

Пораката на изданието vii

посакуваат да ги водат животите исполнети со одговорите од Бога.

Се молам во името на Исуса Христа, ова дело Отецот Мој ќе ви даде во Мое име, да им послужи како водич на сите читатели, што ќе ги направи свесни за законот на духовниот свет, преку кој се добиваат одговорите од Бога, и којшто ќе им овозможи да ги примат одговорите за сето она што го посакуваат во своите молитви!

Му оддавам благодарност и слава на Бога, Кој што дозволи оваа книга (којашто во себе го носи Неговото скапоцено Слово) да биде објавена, и ја изразувам својата искрена благодарност кон сите оние, што напорно работеа за исполнувањето на овој потфат.

Jaerock Lee

Содржина
ОТЕЦОТ МОЈ ЌЕ ВИ ДАДЕ ВО МОЕ ИМЕ

Порака кон изданието

Глава 1
Начините преку кои можеме да ги примиме Божјите одговори   1

Глава 2
Ние сепак мораме да Го замолиме   17

Глава 3
Духовниот закон за Божјите одговори   27

Глава 4
Срушете го ѕидот на гревот   43

Глава 5
Ќе пожнеете што ќе посеете   57

Глава 6
Илија го прима Божјиот одговор преку оган   73

Глава 7
Како да ги исполните желбите на своите срца   85

Глава 1

Начините преку кои можеме да ги примиме Божјите одговори

Дечиња, да не љубиме со зборови или само со јазикот, туку во делото и вистината. По тоа ќе можеме да знаеме дека сме од вистината, и ќе ги увериме срцата свои пред Него, затоа што кога срцето нѐ осудува, Бог е поголем од срцето наше и ги знае сите нешта. Возљубени, ако срцето не нѐ осудува, тогаш ја имаме смелоста пред Него; па што и да побараме од Него, го добиваме, затоа што ги запазуваме Заповедите Негови и ги правиме нештата што се благоугодни во очите Негови

―※―

(1 Јован 3:18-22).

Еден од изворите којшто предизвикува огромна радост кај чедата Божји, е фактот што Семоќниот Бог е жив, што им одговара на барањата од молитвите, и што во сите нешта делува за нивно добро. Луѓето што веруваат во овој факт ревносно се молат, за да можат да примат одговори за сè што бараат од Бога и да можат да му ја оддаваат славата во своите срца.

1 Јован 5:14 ни кажува, *"Ова е смелоста којашто ја имаме пред Него, ако бараме нешто во согласност со волјата Негова, Тој да нè чуе и да ни одговори."* Овој стих нè потсетува на фактот дека, ако нешто побараме од Него, во согласност со волјата Негова, тогаш се здобиваме со правото да ги примиме одговорите од Него. Без разлика колку и да е зла нечија мајка, ако синот ѝ побара леб, таа нема да му даде камен, или ако ѝ побара риба, нема да му даде змија. Што тогаш би можело да го спречи Бога, од давањето на одговорите и даровите на Своите чеда, кога тие ги бараат од Него?

Кога Ханаанската жена во Матеј 15:21-28 дошла пред Исуса, таа не само што ги примила одговорите на своите молитви, туку исто така го добила и исполнувањето на желбите на своето срце. Иако нејзината ќерка страдала од страшна обземеност од демон, жената сепак го замолила Исуса да ја исцели, бидејќи длабоко во себе ја имала верата дека сè е можно за оној којшто верува. Што тогаш Исус направил за Незнабожката, која што побарала од Него да ѝ ја исцели ќерката, и била настојчива во своите барања? Како што можеме да прочитаме во Јован 16:23, *"Во тој ден нема да ме прашате за ништо. Вистина, вистина ви велам, што и да побарате од Отецот во Мое име, Тој ќе ви го даде,"* откако ја видел верата кај Незнабожката, Исус веднаш ѝ ја исполнил нејзината желба. *"О жено, голема е верата твоја; нека биде според желбата твоја"* (Матеј 15:28).

О колку е чудесен и сладок Божјиот одговор!

Ако веруваме во живиот Бог, тогаш како Негови чеда, мораме да Му ја оддаваме славата, додека ги примаме одговорите за сите нешта што во молитвите сме ги барале од Него. Додека вршиме преглед на пасусот, на којшто е базирано ова поглавје, да ги истражиме и начините според кои можеме да ги примиме Неговите одговори.

1. Мораме да веруваме во Бога, Кој што ни ветил дека ќе ни одговори

Преку стиховите во Библијата, Бог ни ветува дека сигурно ќе ни одговори на нашите молитви и молби. Затоа, единствено кога во нас нема да има воопшто сомнеж, тогаш ќе можеме ревносно да бараме и да примаме што ѝ да посакаме од Бога.

Броеви 23:19 гласи, *"Бог не е човек, па да лаже, ниту пак е син човечки, па да се кае; Зар кога Тој ќе рече* нешто, нема ли тоа да го направи? Зарем ќе вети нешто, а нема да го исполни?" Во Матеј 7:7-8 Бог ни ветува, "Замолете, и ќе ви биде дадено; барајте, и ќе најдете; почукајте, и ќе ви се отвори. Затоа што секој кој што моли, добива, и секој кој што бара, наоѓа, а на оној кој што ќе почука, ќе му се отвори."

Низ Библијата може да се најдат голем број на стихови, коишто ни посочуваат на Божјото ветување, на тоа дека Тој ќе ни одговори на молитвите, ако се по Неговата волја. Еве неколку од нив:

"Затоа ви велам, сè што ќе побарате во молитвата, верувајте дека сте го примиле, и тоа ќе ви биде дозволено" (Марко 11:24).

"Ако пребивате во Мене, и ако Словото Мое пребива во вас, што и да посакате, ќе ви биде исполнето" (Јован 15:7).

"И што и да побарате во Мое име, ќе ви го исполнам, за да може Отецот да се прослави во Синот" (Јован 14:13).

"Тогаш ќе Ме повикувате, ќе доаѓате и ќе Ми се молите, и Јас ќе ве ислушам. Ќе Ме барате, и ќе Ме најдете, затоа што ќе Ме барате со сето срце свое" (Еремија 29:12-13).

"И повикај Ме во тежок ден; Ќе те спасам, а ти ќе Ме прославуваш" (Псалм 50:15).

Таквите Божји ветувања можат да се најдат на повеќе наврати и во Стариот и во Новиот Завет. Па дури и да има само еден стих во Библијата којшто се однесува на ваквото ветување, ние треба силно да се држиме до него и да се молиме за добивањето одговори од Бога. Сепак, кога и самите сме сведоци дека ваквото ветување може да се сретне на многу места во Библијата, тогаш мораме да веруваме дека Бог е навистина жив, дека делувал на истиот начин вчера, дека делува на истиот начин денес и дека ќе делува на истиот начин и во иднина, засекогаш (Евреите 13:8).

Понатаму, Библијата ни кажува за многу благословени личности кои што верувале во Божјото Слово, кои барале и добивале одговори од Него. Мораме да се угледаме на верата и срцето коишто ги имале овие луѓе, и да водиме животи во верата, за да можеме да ги примиме Неговите одговори.

Кога Исус му кажал на парализираниот човек во Марко 2:1-12, *"Простени ти се гревовите твои. Стани, земи ја постелата своја и оди си дома,"* парализираниот станал, ја земал својата постела и си отишол пред очите на сите присутни луѓе, кои што биле вчудоневидени и можеле само да му ја оддаваат славата на Бога.

Стотникот во Матеј 8:5-13 дошол пред Исуса, затоа што неговиот слуга лежел парализиран дома и многу се мачел, па Му рекол, *"Господи, само кажи збор, и мојот слуга ќе биде излечен."* Знаеме дека кога Исус му рекол на стотникот, *"Оди си! Нека ти биде според верата твоја,"* неговиот слуга во истиот момент бил излекуван.

Лепрозниот во Марко 1:40-42 дошол пред Исуса и почнал да го моли, паднат на колена, "Ако сакаш, можеш да ме исчистиш." Па, откако се сожалил кон него, Исус ја протегнал Својата рака и го допрел, "Сакам; биди очистен!" Можеме да видиме дека лепрата веднаш го напуштила човекот, и тој станал излекуван во еден миг.

Бог им дозволува на луѓето да ги примат одговорите за било кои нивни молитви, што се испратени до Него во името на Исуса Христа. Тој исто така посакува сите луѓе да веруваат во Него, во Оној, Кој што ветил дека ќе ни одговори на сите наши молитви. Тој посакува сите без откажување да се молиме преку непроменливото срце во нас, па преку тоа да станеме Негови благословени чеда.

2. Видови молитва на коишто Бог не одговара

Кога луѓето се молат и веруваат во согласност со волјата Божја, кога го живеат својот живот според Словото Негово, и кога умираат исто како што и зрното пченично умира, тогаш Бог го забележува нивното срце, нивните настојувања и посветеност, па им одговора на молитвите. Но сепак постојат некои личности кои што не ги добиваат одговорите од Бога, без разлика колку и да се молат. Што би можела да биде причината за тоа? И во Библијата постојат голем број на личности кои што не успеале да ги добијат одговорите на своите молитви, иако тоа ревносно го правеле. Истражувајќи што би можела да биде причината за тоа, можеме да научиме за правилниот начин како можеме да ги примиме одговорите од Него.

Како прво, ако во срцето ни лежи грев, а ние се молиме на Бога, тогаш Тој ни кажува дека нема да ни одговори на молитвите. Псалм 66:18 гласи, *"Ако мислев зло во срцето мое, ГОСПОД не би ме слушнал,"* и во Исаија 59:1-2 е запишано, *"Ете, не е прекратка раката ГОСПОДОВА, за да не може да нѐ спаси; ниту пак увото му е затнато, та да не може да нѐ чуе. Туку беззаконијата ваши создадоа разделба меѓу вас и вашиот Бог, а гревовите ваши го сокрија лицето Негово од вас, та да не може да ве чуе."* Затоа што непријателот ѓаволот тогаш, заради гревот наш, ќе ја пресретне нашата молитва, и таа ќе се изгуби во воздухот, не успевајќи да стигне до престолот на Бога.

Како второ, ако се молиме среде непријатни караници кои ги имаме меѓу нашите браќа во верата, Бог тогаш нема да ни одговори на молитвите. Тоа е така заради тоа што нашиот Отец Небесен не може да ни прости, ако и ние од сѐ срце не им простуваме на нашите браќа во верата (Матеј 18:35). Во тој случај нашата молитва не може ниту да биде предадена до Него, ниту пак Тој може да одговори на неа.

Како трето, ако се молиме со намера да си ги задоволиме некои наши страсти, тогаш Бог нема да ни одговори на молитвите. Ако не ја испочитуваме Неговата слава, туку се молиме во согласност со нашите желби коишто ја имаат грешната природа, и ако она што ќе го примиме од Него, го потрошиме за свое лично задоволство, Бог тогаш нема да ни одговори на молитвите (Јаков 4:2-3). На пример, на една послушна ќерка, која што вредно студира, нејзиниот татко ќе ѝ дозволи цепарлак и што и да посака. А на една непослушна ќерка, која што не се грижи за своите студии, таткото нема да сака да ѝ дозволи цепарлак, и постојано ќе се грижи за тоа како таа би можела да го потроши на погрешни нешта. Според истиот тој принцип, ако бараме нешто што произлегува од нашите грешни мотиви, нешто што ги задоволува желбите на нашата грешна природа, тогаш Бог нема да ни одговори, бидејќи тоа може да нѐ доведе во опасност да тргнеме по патот на уништувањето.

Како четврто, не смееме да се молиме за идолопоклониците, ниту пак да извикуваме во молитвата за нив (Еремија 11:10-11), затоа што Бог ги мрази идолите над сѐ друго. Ние единствено би требало да се молиме за спасението на нивните души. Секоја друга молитва или барање, упатено кон Бога заради нив, ќе остане неодговорено.

Како петто, Бог никогаш не одговара на молитвите што се исполнети со сомнежи, бидејќи Господ единствено одговара на молитвите во кои нема воопшто сомневање, и коишто ја содржат нашата потполна вера (Јаков 1:6-7). Сигурен сум дека поголемиот дел од вас биле сведоци на чудесните излекувања на неизлечивите болести, и на решавањето на навидум нерешливи проблеми на луѓето, кога тие од сè срце го молат за помош и Негова интервенција. Тоа е така, бидејќи Тој ни има кажано *"Вистина ви велам, ако некој ѝ рече на оваа гора, 'Подигни се и фрли се во морето,' а не се посомнева во срцето свое, туку цврсто верува дека ќе биде онака како што кажал, тоа и ќе се случи"* (Марко 11:23). Знајте дека молитвата исполнета со сомнеж не може да добие одговор, и дека само молитвата којашто е во согласност со волјата Божја, може да донесе неспорно чувство на сигурност во однос на одговорот.

Како шесто, ако не им се покоруваме на Заповедите Божји, тогаш нашата молитва нема да може да добие одговор. Кога им се покоруваме и ги запазуваме Заповедите Божји, правејќи го она што му е угодно на Бога, тогаш Библијата ни кажува дека можеме да ја имаме целосната доверба пред Бога, и да ги примаме одговорите за сè што ќе посакаме во молитвата (1 Јован 3:21-22). Во Поговорки 8:17 е кажано дека, *"Ги сакам оние кои што Мене ме сакаат; и оние кои што ревносно Ме бараат, ќе Ме најдат,"* молитвите на луѓето кои што ги запазуваат Заповедите Божји, во својата љубов кон Него (1 Јован 5:3), сигурно ќе добијат одговор.

Како седмо, не можеме да ги примиме одговорите од Бога, без да ги посадиме нашите добри дела во духот. Во Галатјаните 6:7 се наведува, *"Не лажете се, Бог не дозволува да биде изигран; она што човекот ќе го посее, тоа и ќе го пожнее,"* а 2 Коринтјаните 9:6 ни кажува, *"Ви го кажувам ова, оној кој што сее скржаво, скржаво и ќе жнее, а оној кој што сее обилно, обилно и ќе жнее,"* без сеење, не може ни да се жнее. Ако една личност ги сее молитвите кон Бога, нејзината душа добро ќе ѝ напредува; ако сее понуди кон Бога, ќе ги прими финансиските благослови; ако пак сее со своите дела, ќе го прими благословот на доброто здравје. Да сумираме, морате да го сеете она, што би сакале да го пожнеете, и да сеете во согласност со волјата Божја, за да можете да ги примите Неговите одговори.

Како дополнение на горенаведените услови, ако луѓето не успеат да се молат во името на Исуса Христа, ако не успеат да се молат од сè срце, туку само ги мрморат молитвите, тогаш не треба да ги очекуваат одговори на нив.

Неслогата меѓу мажот и жената (1 Петрова 3:7) или непочитувањето меѓу нив, не им ги овозможува одговорите од Бога.

Мораме секогаш да го имаме на ум фактот, дека наведените нешта создаваат ѕид меѓу нас и Бога; дека во таквите случаи Тој го одвраќа лицето Свое од нас, и нема да ни ги даде одговорите на нашите молитви. Затоа постојано мораме да го бараме Кралството Божјо и праведноста Негова. Мораме постојано да го повикуваме името Негово во молитвите наши, за да ги постигнеме желбите на нашите срца, и секогаш да ги примаме одговорите, држејќи се цврсто во нашата вера.

3. Тајните како да ги примаме одговорите на нашите молитви

Во почетната фаза на животот во Христа, една личност во духовна смисла може да се спореди со едно бебе, па затоа Бог веднаш ѝ одговара на нејзините молитви. Поради тоа што сеуште не го поседува целосното знаење за вистината, ако го стави во дело Словото Божјо, дознавајќи по малку од вистината, Бог тогаш ѝ одговара, бидејќи молитвите ѝ наликуваат на бебешкиот плач за млеко, а сето тоа постепено ја води кон сретнувањето со Бога. Како што секојдневно личноста постојано пребива во Словото и почнува да го осознава значењето на вистината, таа расте и ја надминува фазата на "дете", па колку што повеќе ја става вистината во дело, толку повеќе Бог ѝ одговара на молитвите. Ако личноста ја надминала "детската" фаза во духовна смисла, а сепак продолжи со правењето гревови, не успевајќи да го заживее животот во Словото, тогаш нема да може да ги прими одговорите од Бога; од тој момент па натаму, личноста ќе може да ги добие одговорите на своите молитви онолку, колку што ќе успее да ја постигне осветеноста во себе.

Затоа, за да можат луѓето што не ги примиле одговорите, да почнат да ги примаат истите, прво мораат да се покаат, да се одвратат од грешните патишта свои, и да почнат да ги живеат животите на покорност во Словото Божјо. Ако го продолжат својот живот во вистината, откако ќе се покаат, прочистувајќи си ги своите срца, Бог тогаш, ќе им ги подари прекрасните благослови и дарови. Поради фактот што верниот Јов ја поседувал единствено верата којашто била складирана како обично знаење, на почетокот тој мрморел против Бога, кога се соочил со испитанијата и со огромните страдања. Но, откако го сретнал Бога и се покајал, кинејќи си го своето срце во покајанието, тој им простил на своите пријатели и почнал да го живее животот според Словото Божјо. За возврат, Бог го благословил со двојно повеќе од она што порано го имал (Јов 42:5-10).

Јона се нашол заробен во утробата на големата риба, поради непочитувањето на Словото Божјо. Но, штом му се помолил на Бога и се покајал, оддавајќи му ја благодарноста во верата, Бог ѝ заповедал на рибата да го изблуе на брегот (Јона 2:1-10).

Штом се одвраќаме од грешните патишта наши, се каеме и живееме според волјата на Отецот, штом веруваме и го повикуваме името Негово во молитвите наши, непријателот ѓаволот ќе може да ни пријде од еден правец, а ќе бега во седум правци. Тогаш болестите, проблемите со децата, финансиите и други нешта, природно ќе ни бидат решени. Тогаш сопругот што ѝ создавал проблеми на својата сопруга, ќе се претвори во добар, мил сопруг, кој што во смиреност ќе ја оддава од себе аромата на Христа, и ќе ја величи славата на Бога.

Ако се одвратиме од грешните патишта наши, ако се покаеме и почнеме да ги примаме одговорите од Бога, тогаш мораме постојано да му ја оддаваме славата на Отецот, сведочејќи со нашата радост. Кога му угодуваме на Бога, и му ја оддаваме славата преку нашите сведоштва, Бог тогаш нема само да ја прими славата и да ѝ се радува, туку воедно и огнено ќе нè праша, "Што сакаш да ти дадам?"

Да претпоставиме дека еден родител му дал подарок на својот син, а тој не покажал ниту радост, ниту благодарност. Неговата мајка тогаш може да одлучи веќе да не му дава никаков подарок. Но, ако синот покаже голема радост заради подарокот, угодувајќи ѝ со својата среќа на својата мајка, тогаш таа ќе стане уште посреќна и ќе посака да му даде уште повеќе на својот син. По истиот тој принцип, и ние ќе ги примаме одговорите од Бога уште повеќе, ако му оддаваме голема благодарност и слава, имајќи го секогаш на ум фактот, дека на нашиот Отец Небесен му е благоугодно да им дава одговори на молитвите на Своите чеда, благословувајќи ги со уште поголеми дарови, ако тие со радост сведочат за нив.

Ајде сите да го замолиме Бога во согласност со Неговата волја, да му ја покажаме нашата вера и посветеност, и да ги примиме од Него одговорите за било која наша молитва. Од човечка гледна точка, можеби изгледа дека е навистина тешко да му се покаже на Бога, дека нашата вера и посветеност се навистина големи. Сепак, откако по таквиот процес ќе ги отфрлиме тешките гревови што стојат против вистината, откако ќе ги насочиме нашите очи кон Вечните Небеса, откако ќе ги натрупаме наградите кои треба да ги добиме во Кралството Небесно, нашите животи ќе почнат да се полнат со благодарност и радост заради добивањето на одговорите на нашите молитви. Понатаму, нашите животи ќе бидат уште поблагословени поради тоа што испитанијата и страдањата ќе бидат отерани од нас, а вистинската утеха ќе се чувствува во водството и заштитата од страна на Бога.

Се молам во името на Исуса Христа, секој од вас да го добие она што искрено го бара во молитвата во верата, постојано ревносно да се молите, да се борите против гревот и да ги запазите Божјите Заповеди, за да можете да ги примите одговорите за секоја ваша молитва, да му угодувате на Бога во сѐ и да му оддавате благодарност и слава на Бога!

Глава 2

Ние сепак мораме да
Го замолиме

И тогаш ќе си спомнете за лошите патишта свои, и за злите дела свои, па самите ќе се замразите себеси заради беззаконијата свои, и заради гадостите свои. "А она што го правам, знајте добро, не го правам заради вас," изјавува ГОСПОД Бог. "Срами се и засрами се заради патиштата свои, О дому Израелев!" Затоа ГОСПОД Бог вака кажува, "На денот кога ќе ве исчистам од сите беззаконија ваши, повторно ќе ги населам градовите ваши, и ќе ги изградам разурнатите места. Запустената земја, некогаш пустина во очите на секој минувач, пак ќе биде обработена. Тогаш луѓето ќе речат, 'Еве ја земјата што беше пуста, а постана како Градината Едемска; ете, и градовите што беа пусти и разрушени, сега повторно се утврдени и населени.' Па народите што останаа околу вас, ќе знаат дека Јас, ГОСПОД, разурнатото повторно го градам, запустеното повторно го садам; Јас, ГОСПОД, реков и ќе го направам тоа." ГОСПОД Бог вака кажува, "Ете, ќе му дозволам на домот Израелев, да Ме праша за тоа: и ќе им ги умножам луѓето нивни како стада."

(Езекиел 36:31-37)

Низ шеесет и шесте книги во Библијата, Бог, Кој што е истиот и вчера, и денес, и ќе биде истиот и во вечноста (Евреите 13:8) посведочува за фактот дека е жив и дека делува. На сите оние кои што верувале во Неговото Слово и му се покориле, во времињата на Стариот Завет, во времињата на Новиот Завет, и денеска, Бог им ги покажува доказите за Неговото делување.

Богот Создателот на сето што е во универзумот и Оној Кој што владее со животот, смртта, проклетството и благословот на човештвото, ни ветил дека ќе нè "благослови" (Второзаконие 28:5-6) сè додека ја покажуваме верата и покорноста кон Неговото Слово, што е запишано во Библијата. Ако навистина веруваме во овој прекрасен факт, што тогаш би можело да ни недостасува, или да не добиеме како одговор на молитвите? Во Броеви 23:19 можеме да прочитаме, *"Бог не е човек, па да лаже, ниту пак е син човечки, па да се кае; Зар кога Тој ќе рече нешто, нема ли тоа да го направи? Зарем ќе вети нешто, а нема да го исполни?"*

Зар Бог кажува нешто, а не го прави тоа? Зар ветува, а не исполнува? Бидејќи Исус ни ветил во Јован 16:23, *"Вистина, вистина ви велам, што и да побарате од Отецот во Мое име, Тој ќе ви го даде,"* чедата Божји навистина се благословени.

Затоа е единствено природно за чедата Божји да водат животи во коишто ќе ги примаат одговорите за сè што ќе посакаат во молитвите свои, и да му ја оддаваат благодарноста и славата на Отецот Небесен. Па зошто тогаш, поголемиот број од Христијаните не успеваат да ги водат таквите животи во верата? Разгледувајќи ги нештата на коишто е базирано ова поглавје, да видиме како можеме секогаш да ги примаме одговорите од Бога.

1. Бог кажал и ќе го стори тоа, но ние сепак мораме да го замолиме

Како избраниот Божји народ, народот Израелски имал примено изобилство благослови од Бога. Бог им ветил дека, ако во целост го испочитуваат Словото Божјо, ќе ги постави над сите народи на земјата, ќе им ги предаде во рацете нивни, непријателите нивни, и ќе го благослови секое нешто на коешто ќе ја положат својата рака (Второзаконие 28:1, 7, 8). Таквите благослови се спуштиле врз Израелците, кога тие го почитувале Словото Божјо, но кога згрешиле и го прекршиле Законот, обожувајќи ги идолите, биле фрлени во ропство, а земјата им била разрушена.

Тогаш Бог им рекол на Израелците дека, ако се покаат и се одвратат од грешните патишта свои, Тој ќе дозволи запустената земја повторно да биде обработена, а разрушените места нивни, повторно да бидат изградени. Понатаму, Бог исто така кажал, *"Јас, ГОСПОД, реков и ќе го направам тоа.'* ГОСПОД Бог вака кажува, 'Ете, ќе му дозволам на домот Израелев, да Ме праша за тоа: и ќе им ги умножам луѓето нивни како стада'" (Езекиел 36:36-37).

Зошто Бог им ветил на Израелците дека ќе делува, но им рекол дека сепак тие треба да Го "замолат" за тоа?

Иако Бог однапред знае што ни е потребно, уште пред и да Го прашаме за тоа (Матеј 6:8), Тој исто така ни кажал дека треба да Го замолиме, *"Посакајте и ќе ви се даде ... Затоа што секој кој што моли, добива ... колку ли повеќе вашиот Отец Небесен, ќе им даде добро на оние кои што го молат и бараат од Него"* (Матеј 7:7-11)!

Понатаму, како што Бог ни кажува низ Библијата, ние мораме да Го замолиме да Го повикаме, за да можеме да ги примиме одговорите од Него (Еремија 33:3; Јован 14:14), чедата Божји, кои вистински веруваат во Неговото Слово, сепак мораат да Го замолат Бога, иако Тој ветил дека ќе делува за нив.

Од една страна, кога Бог рекол, "Ќе го направам тоа," значи дека ако веруваме и му се покоруваме на Неговото Слово, ќе ги примиме одговорите од Него. Од друга страна пак, ако во нас постои сомнеж, ако го тестираме Бога и не успееме да ја покажеме својата благодарност кон Него, и наместо тоа постојано се жалиме заради испитанијата и страдањата – на крајот нема да успееме да веруваме во ветувањето дадено од страна на Бога – па затоа и нема да можеме да ги примиме Неговите одговори. Иако Бог ни ветил "Ќе го направам тоа," тоа ветување може да се исполни само тогаш, кога ние цврсто ќе се држиме до заветот што сме го дале во молитвата и делата наши. За една личност не може да се каже дека ја поседува верата, ако не моли, туку едноставно само погледнува на ветувањето дадено од Бога и кажува, "Бидејќи Бог рекол така, тогаш и ќе го стори тоа." Таквата личност нема да може да ги прими одговорите, бидејќи нејзината вера нема да биде проследена со дела.

2. Мораме да замолиме, за да можеме да ги примиме одговорите од Бога

Како прво, мораме ревносно да се молиме, за да можеме да го срушиме ѕидот на гревот, што стои меѓу нас и Бога.

Кога Даниел бил одведен во ропство во Вавилон, по падот на Ерусалим, тој наишол на некои Списи, што го содржеле пророштвото на Еремија, и дознал дека пустошот на Ерусалим ќе трае во текот на седумдесет години. За време на тие седумдесет години, како што Даниел дознал, Израел ќе му служи на кралот на Вавилон. Но по тие седумдесет години, кралот на Вавилон, неговото кралство и земјата Халдејска ќе бидат проколнати, и ќе бидат засекогаш опустошени, заради тежината на нивните гревови. Иако Израелците биле заробеници во Вавилон во тоа време, пророштвото на Еремија кажувало дека тие ќе станат независни и дека ќе се вратат на својата земја, по истекот на седумдесет години, и тоа предизвикало големо олеснување во срцето на Даниел.

Но сепак, Даниел не ја споделил оваа радост со неговите земјаци Израелци. Намесо тоа, тој го свртел лицето свои кон Господа Бога, настојувајќи да се моли и да проси во пост, со вреќиште и со пепел. Тој му се молел на Бога, исповедајќи се дека Израелците згрешиле, сториле беззаконија и зло, се одметнале и оддалечиле од Заповедите и Законите Божји (Даниел 9:3-19).

Преку пророштвото на пророкот Еремија, Бог не открил како заробеништвото во Вавилон ќе се заврши; Тој едноставно само го пророкол крајот на заробеништвото коешто требало да се случи по седум декади. Затоа што Даниел го познавал законот на духовниот свет, тој бил многу свесен дека sидот на гревот, што стоел меѓу Израелот и Бога, морал прво да биде срушен и уништен, за да може Божјото Слово да се исполни. Правејќи го тоа, тој ја покажал својата вера низ делата. Додека Даниел постел и се молел, покажувајќи искрено покајание – и за себе, и за останатите Израелци – затоа што му скривил на Бога, па следствено на тоа биле проколнати, Бог тогаш го уништил sидот на гревот, и му одговорил на Даниела, давајќи им на Израелците "седумдесет 'седмици' [недели]," и му открил и други тајни.

Штом веќе сме станале чеда Божји, кои што бараат од Бога во согласност со Словото на Отецот, мораме да сватиме дека на одговорите од Бога им претходи уништувањето на sидот на гревот, и дека на тоа треба да му се даде првостепен приоритет.

Како второ, мораме да се молиме во верата и во покорноста.

Во Исход 3:6-8 можеме да прочитаме за ветувањето Божјо, дадено на народот Израелски, кој што во тоа време бил под Египетско ропство, коешто велело дека Тој ќе ги изведе надвор од Египет, и ќе ги поведе кон земјата Ханаанска, каде што течат мед и млеко. Ханаанската земја, била земјата што Бог им ја ветил на Израелците, којашто требало да ја добијат во наследство (Исход 6:8). Тој ветил дека ќе им ја даде земјата на нивните потомци, и им заповедал да се движат напред (Исход 33:1-3). Тоа е ветената земја, во којашто Бог им заповедал да ги уништат сите идоли, и ги предупредил да не прават сојуз со народите кои веќе таму живееле, и со нивните богови, за да не си направат стапица за себе, во врска со својот однос кон Бога. Тоа било ветување дадено од страна на Бога, Кој што секогаш си ги исполнува Своите ветувања. Зошто тогаш, Израелците не можеле да влезат во земјата Ханаанска?

Поради својата слаба вера во Бога и Неговата сила, народот Израелски мрморел и се жалел против Него (Броеви 14:1-3) и сторил престап, а со тоа и ја изгубил можноста да влезе во земјата Ханаанска, а биле токму на нејзиниот праг (Броеви 14:21-23; Евреите 3:18-19). Накратко кажано, иако Бог им ја ветил на Израелците земјата Ханаанска, тоа ветување не можело да им биде од корист, ако не верувале и не му се покорувале на Бога. Ако навистина поверувале и му се покореле на Бога, тогаш ветувањето сигурно би било исполнето. На крајот, единствено Исус Навин и Халев, кои што поверувале во Словото Божјо, заедно со новото поколение Израелево, можеле да влезат во земјата Ханаанска (Исус Навин 14:6-12). Читајќи ја историјата на Израел, да го запамтиме фактот, дека Божјите одговори би можеле да ги примиме единствено тогаш, кога покорно би го замолиме во молитвите упатени кон Него, имајќи ја цврстата сигурност во ветувањето Негово. Тогаш ќе можеме да ги примиме одговорите за било која наша молитва, која што ќе биде искажана во верата.

Иако самиот Мојсеј цврсто верувал во ветувањето Божјо за земјата Ханаанска, поради гревот што народот Израелски не верувал во Неговата сила, дури и тој ја добил забраната да влезе во неа. Божјото дело, некогаш се исполнува преку верата на еден човек, но некогаш е потребна доволна колективна вера на сите инволвирани луѓе, за да може да дојде до манифестирањето на Божјото дело. За влегувањето во земјата Ханаанска, Бог ја барал верата на целиот Израел, а не само од Мојсеја. Кога не успеал да ја добие таквата вера од нивна страна, Тој не им го дозволил влезот во Ханаан. Имајте на ум дека во случаите каде што Бог ја бара верата, не само на една личност, туку на сите личности кои што се засегнати во тој одреден случај, тогаш сите луѓе треба заедно да се молат во верата и покорноста кон Бога, и да станат едно во срцето, за да можат да го добијат одговорот од Него.

Кога жената, која што 12 години страдала од крвотечење, го примила исцелувањето преку допирањето на Исусовата наметка, Тој прашал, "Кој се допре до облеката Моја?" и побарал од неа да посведочи за нејзиното исцелување, пред насобраниот народ (Марко 5:25-34).

Кога една индивидуа ќе посведочи за Божјото дело манифестирано во својот живот, со тоа ќе им помогне на другите луѓе да израснат во верата, и да се зацврснат во неа, трансформирајќи се себеси во луѓето на молитвата, кои што ги бараат и добиваат одговорите од Бога. Добивањето на одговорите од Бога во верата, им овозможува на неверниците да се здобијат со верата, и со можноста да го сретнат живиот Бог, па со тоа претставува навистина величествен начин преку кој може да му се оддава слава на Бога.

Преку верувањето и покорувањето на Словото на благословот, коешто е запишано во Библијата, имајќи секогаш на ум дека иако Бог ни го дал Своето ветување, ние сепак треба да замолиме за него, "Реков и ќе го направам тоа," ајде секогаш да ги добиваме Неговите одговори, да станеме Негови благословени чеда, и од сè срце да му ја оддаваме славата и благодарноста.

Глава 3

Духовниот закон за
Божјите одговори

И [Исус] излезе и отиде, според Својот обичај, на Маслиновата Гора; а учениците Го следеа. И кога дојде до местото, Тој им рече, "Молете се, за да не паднете во искушение." И Тој се оддели од нив, на далечина колку што може да се фрли еден камен, и откако клекна на колена, почна да се моли, кажувајќи, "Оче, ако сакаш отстрани ја оваа чаша од Мене; но нека не биде Мојата, туку Твојата волја." Му се јави ангел од Небесата и го поткрепуваше. И кога се најде во борба, уште поревносно се молеше; а потта Негова му стана како капки крв, што паѓаа на земјата. И кога стана од молитвата, отиде кај учениците и ги најде заспани од тага, па им рече, "Зошто спиете? Станете и молете се за да не паднете во искушение"

───────※───────

(Лука 22:39-46).

Чедата Божји го примаат спасението и го полагаат правото да ги примат од Бога одговорите за сè што ќе посакаат во своите молитви со вера. Затоа можеме да прочитаме во Матеј 21:22, *"И сè што ќе побарате во молитвата со вера, ќе добиете."*

Сепак, голем број на луѓе, откако ќе се помолат на Бога, се прашуваат зошто не ги примаат одговорите од Него, и се прашуваат дали нивните молитви му биле предадени на Бога, сомневајќи се дека Тој воопшто и ги слушнал.

Исто како што мораме да го знаеме соодветниот метод и рута по која би можеле да изведеме едно патување до некоја дестинација, без некои проблеми, исто така и во случајот со молитвата, само кога ќе станеме свесни за соодветниот метод и одредената рута по која ќе оди молитвата наша, ќе можеме да ги примаме и брзите одговори од Бога. Молитвата, сама по себе, не пружа никаква гаранција дека ќе ги примиме одговорите од Бога; мораме да го научиме законот на духовниот свет којшто се однесува на одговорите од Бога, и да се молиме во согласност со тој закон.

Ајде сега да го разгледаме законот на духовниот свет, којшто се однесува на одговорите од Бога и на односот со седумте Духови Божји.

1. Законот на духовниот свет за одговорите од Бога

Заради фактот што молитвата го замолува Семоќниот

Бог за нештата по кои копнееме и коишто ни се потребни, ќе можеме да ги примиме одговорите од Него само тогаш, кога ќе го замолиме во согласност со законот на духовниот свет. Ниедно ниво на човечките напори, базирани на неговите сопствени мисли, методи, слава и знаење, нема да може да ги донесе одговорите од Бога.

Поради фактот што Бог е Праведниот Судија (Псалм 7:11), што ги слуша молитвите и одговара на нив, Тој од нас бара достојна сума во замена за одговорите. Добивањето одговори од Бога, може да се спореди со купувањето месо од месарницата. Ако месарот му е угоден на Бога, мерките коишто тој ги користи, може да станат уред преку кој Бог ќе мери, во зависност со законите од духовниот свет, дали некоја личност ќе може да ги прими одговорите или не.

Да претпоставиме дека сме отишле кај месарот, за да купиме едно кило телешко месо. Кога ќе го прашаме за количината којашто ја бараме, месарот го мери месото и гледа дали одговара на тежината од еден килограм. Ако месото не тежи еден килограм, тогаш тој од нас зема одредена сума за него, го завиткува и ни го дава.

По истиот принцип, додека Бог ни одговара на молитвата, Тој секако и прима од нас за возврат, одредени гаранции за Своите одговори. Преку ова е претставен законот на духовниот свет, којшто се однесува на одоворите од Бога.

Бог прво ја слуша нашата молитва, прифаќа нешто од нас, што ќе соодветствува со вредноста на одговорот, па потоа ќе ни го испрати Својот одговор. Тоа нешто е нашата вера. Ако некоја личност сеуште не ги примила одговорите од Бога, тоа се должи на фактот што сеуште не му ја претставила на Бога количината на верата, којашто ќе соодветствува со барањата коишто ги бара од Него. Бидејќи потребното количество вера за добивањето на одговорите варира во зависност од содржината на молитвата на одредена личност, сѐ додека таа не ја покаже верата којашто е потребна за добивањето на одговорите, таа мора постојано да се моли, за да може да ја натрупа, и да го достигне нивото на верата коешто е потребно. Иако не ни е позната во детали соодветната сума на верата којашто Бог ја бара од нас, Тој сепак ја очекува истата од нас. Затоа, обрнувајќи големо внимание кон гласот на Светиот Дух, мораме да го прашаме Бога за одговорите на нашите молитви, низ постојан пост и молитва, а за некои е потребна дури и ноќна молитва придружена со солзи, додека други пак бараат и давање на понуди благодарници за нив. Таквите дела потоа се акумулираат, па натрупани на купче ја достигнуваат количината којашто е потребна за добивањето на одговорите од Бога. Воедно ја примаме и верата од Него, со којашто ќе можеме цврсто и непоколебливо да веруваме, па дури потоа ќе нѐ благослови со Своите одговори.

Постојат случаи кога две личности се заветиле на посветена молитва кон Бог. Едната веднаш ги прима одговорите од Него, додека другата, дури ниту по завршувањето на времето на ветената молитва, не успева да ги прими истите. Какво би било објаснувањето за ваквата различност?

Бог е мудар, и однапред ги прави Своите планови. Ако Бог процени дека една личност го поседува срцето што ќе продолжи со молитвата сѐ до крајот на заветот, тогаш Тој може да одлучи веднаш да ѝ одговори на молитвите. Ако пак една личност не успее во обидите да ги прими одговорите од Бога за некои проблеми со коишто во моментот се соочува, тогаш причината за тоа лежи во фактот што, таа не успеала во целост да ја пружи соодветната количина на верата кон Бога, за да може да ги прими одговорите од Него. Кога ќе се заветиме на молитва за некој одреден временски период, мораме да знаеме дека Бог ги води нашите срца, па затоа треба да ја прими соодветната количина на молитвата во верата, за да можеме да ги примиме Неговите одговори. Следствено на тоа, ако не успееме во обидот да го акумулираме тоа количество на верата, нема да успееме ниту да ги примиме одговорите од Него.

На пример, ако еден човек се моли за својата идна жена, Бог тогаш ја бара за него соодветната невеста и ги подготвува сите нешта, за да делуваат за доброто во сѐ. Тоа не значи дека невестата ќе се појави пред очите на човекот, иако, на пример, тој не се наоѓа на возраст којашто е соодветна за женидба, само заради фактот што тој ја извршува молитвата. Поради тоа што Бог им одговара на оние личности, кои што веруваат дека веќе ги имаат примено Неговите одговори, во времето коешто е соодветно според Него, Тој ќе им ги покаже Своите дела на нив. Сепак, кога молитвата на еден човек не е во согласност со волјата на Бога, никакво количество на молитвата нема да може да ги гарантира одговорите од Него. Ако момчето се молело и ја барало жената заради некои овоземни услови, како на пример, да биде со одредено академско ниво, со убав изглед, да биде славна, да биде богата, и нешта слични на овие, или со други зборови кажано, ако молитвата била исполнета со алчност којашто се формирала во умот на момчето – тогаш Бог нема да одговори на молитвите.

Дури и две личности да му се молат на Бога за сосем ист проблем, поради фактот што степенот на нивната осветеност, и мерката на верата којашто ја поседуваат, се разликува меѓу нив, различно ќе биде и количеството на молитвите во верата, коишто Бог ќе ги прими (Откровение 5:8). Едната личност може да ги прими одговорите дури по еден месец молитва, додека другата може да ги прими за еден единствен ден.

Понатаму, колку што е поголема важноста на одговорите кон молитвата на една личност, толку поголемо треба да биде и количеството на молитвата во верата за неа. Во согласност со законот на духовниот свет, една личност којашто претставува голем сад, ќе биде ставена на поголемо тестирање, за да може да произлезе како злато по него, а личноста којашто е помал сад, ќе биде ставена на помало тестирање и помалку ќе биде употребена од страна на Бога. Затоа никој не смее да им суди на другите и да каже, "Видете ги тешкотиите низ кои минува, и покрај неговата верност!" и да го разочара Бога. Поради количината на верата на прататковците на верата, Мојсеј, кој што бил искушуван 40 години, и Јаков, кој што бил искушуван 20 години, станале големи соодветни садови во рацете на Бога, кои потоа биле употребени за некои Негови потреби, откако ги издржале сите искушеиија. Помислете си на процесот, низ којшто се оформува и тренира еден национален фудбалски тим. Ако вештината и умешноста на еден одреден играч е достојна за тој да се стави во тимот, единствено после одреден временски период на тренинг и напорно вежбање, ќе може да биде достоен да се запише во тимот којшто ја претставува нацијата.

Било да е одговорот, што го бараме од Бога, голем или мал, мораме да си ги трогнеме своите срца, за да бидеме достојни да ги примиме Неговите одговори. Ревносно молејќи се за одговорите, ќе допреме до срцето на Бога, па затоа Тој ќе ни одговори, ако го види соодветното количество молитва во верата од нас, ако види дека сме си ги исчистиле срцата свои, ако види дека меѓу нас и Него нема ѕид на гревот, и ако му ја оддаваме благодарноста, радоста и понудите, коишто се знак на верата во Него.

2. Врската меѓу законот на духовниот свет и Седумте Духови Божји

Разгледувајќи ја погоре во текстот, метафората за месарот и неговото мерење, во согласност со законот на духовниот свет, Бог без грешка го мери количеството на молитвата во верата на секого од нас, и одредува дали сме успеале да го акумулираме потребното количество, или не. Додека луѓето пресудуваат за нешто според мерките коишто се видливи за нашите очи, Бог прави точна проценка за нештата, преку Седумте Духови на Бога (Откровение 5:6). Со други зборови кажано, кога една личност ќе биде оценета како достојна, од страна на Седумте Духови Божји, тогаш таа ќе може да ги прими одговорите на своите молитви.

Што е тоа, што Седумте Духови Божји го мерат?

Како прво, Седумте Духови Божји ја оценуваат мерката на верата кај една личност.

Во верата постои, 'духовната вера' и 'телесната вера.' Верата којашто ја проценуваат и мерат Седумте Духови Божји, не е верата како знаење, или – телесната вера – туку духовната вера, онаа којашто е жива и проследена со дела (Јаков 2:22). На пример, има една сцена опишана во Марко 9, во којашто татко то на едно дете, кое било опседнато со демони, кои ја предизвикале неговата немост, дошол пред Исуса (Марко 9:17). Татко то му кажал на Исуса, "Верувам; помогни му на моето неверие!" Тука татко то ја исповедал својата телесна вера, па рекол, "Верувам" и го замолил за духовна вера, кажувајќи, "Помогни му на моето неверие!" Исус веднаш му одговорил на таткото, и го излекувал момчето (Марко 9:18-27).

Невозможно е да му се угоди на Бога без вера (Евреите 11:6). Ние можеме да си ги исполниме желбите на своите срца, единствено кога ќе Му угодиме на Бога, со верата што му е благоугодна и мила. Затоа, ако не ги примаме одговорите на своите молитви, иако Тој ни кажал дека ќе ни ги исполни, "Ќе ви биде според верата ваша," тоа значи дека верата наша сеуште не е целосна и цврста.

Како второ, Седумте Духови Божји ја мерат радоста со која се исполнети срцата на личностите.

Во 1 Солуњани 5:16, ни се кажува дека треба секогаш да се радуваме, затоа што волјата на Бога е секогаш да бидеме радосни. Денес, во некои тешки времиња, голем број на Христијани се затвораат во анксиозност, страв и грижи, наместо да бидат исполнети со радост. Ако во себе, во своите срца, ја носат вистинската вера во живиот Бог, тие сакогаш би биле радосни, без разлика на ситуацијата во којашто се наоѓаат. Во себе, во своите срца, би ја носеле радоста и огнената надеж за вечното Кралство Небесно, а не на желбите на овој земен, минлив свет.

Како трето, Седумте Духови Божји ја мерат молитвата на една личност.

Бог ни кажува непрестано, постојано да се молиме (1 Солунјани 5:17) и им ветува дека ќе им ги даде одговорите на оние кои што Го молат (Матеј 7:7), па сходно на тоа, нормално би било да им ги даде одговорите на нивните молитви. Молитвата којашто му е угодна на Бога е вообичаената молитва, кога луѓето секојдневно, вообичаено се молат (Лука 22:39) а клекнувањето при молитвата е во согласност со волјата на Бога. Кога се наоѓаме во клекната состојба, природно можеме да извикуваме кон Бога со сето свое срце, а молитвата да ни биде исполнета со верата и љубовта. Бог ја разгледува ваквата молитва. Не смееме да се молиме само за нештата коишто ги сакаме, или само кога сме тажни, ниту пак да мрмориме во молитвата, туку тоа мора да биде во согласност со волјата на Бога (Лука 22:39-41).

Како четврто, Седумте Духови Божји го мерат оддавањето на благодарноста кај една личност.

Затоа што Бог ни заповеда да ја оддаваме благодарноста во сé (1 Солунјани 5:18), секој оној, кој што во себе ја поседува верата, мора природно да ја оддава благодарноста кон Бога за сé, со сето свое срце. Бидејќи Тој е Оној, Кој што нé повлекол од патот на уништтувањето, и не повел кон патот на вечниот живот, како би можеле да не ја оддаваме благодарноста кон Него? Мораме да Му ја одадеме благодарноста, затоа што Бог се среќава со сите оние, кои што искрено Го бараат и ги очекуваат Неговите одговори. Понатаму, дури и да се соочиме со големи потешкотии, тука во овој минлив, земен свет, треба да бидеме благодарни заради тоа што сме ја добиле надежта во вечните Небеса.

Како петто, Седумте Духови Божји одмеруваат дали личноста ги запазува или не, Божјите заповеди.

1 Јован 5:2 ни кажува, *"По тоа знаеме дека ги сакаме чедата Божји, по тоа што го сакаме Бога и ги запазуваме Неговите заповеди,"* а тие не се тешки (1 Јован 5:3). Вообичаената молитва на колена, при која се извикува кон Бога, произлегува од верата на една личност. Преку верата кај личноста и преку нејзината љубов кон Бога, таа ќе ја извршува молитвата во согласност со Неговото Слово.

Сепак, голем број на луѓе се жалат на недобивањето на одговорите од Бога, иако чекорат кон запад, а Библијата им кажува, "Одете кон исток." Сè што треба да направат, е да веруваат во она што Библијата им го кажува, и да му се покорат. Бидејќи таквите личности се склони кон тоа да го остават Словото Божјо настрана, да ја проценат секоја ситуација во согласност со своите сопствени мисли и теориии, и да се молат барајќи ја својата корист, Бог го врти Своето лице од нив, и не им ги испраќа Своите одговори. Да претпоставиме дека сте дале ветување да се сретнете со некој пријател на железничката станица во Њујорк, но потоа сте одлучиле дека ќе биде подобро да патувате со автобус наместо со воз, па да се качите на автобус наместо на воз. Без разлика колку и да чекате на автобуската станица, никогаш нема да го сретнете вашиот пријател. Ако тргнете кон запад, иако Бог ви кажал, "Оди кон исток," значи дека не сте ја испочитувале Неговата заповед. Навистина е тажно да се види како голем број на Христијани ја поседуваат токму таквата вера. Тоа не претставува ниту вера, ниту љубов. Ако кажуваме дека го сакаме Бога, тогаш сосем е природно да ги запазиме и Неговите заповеди (Јован 14:15; 1 Јован 5:3).

Љубовта којашто ја чувствувате кон Бога, ќе ве понесе кон сè поревносната и понапорната молитва кон Него. Ова пак, ќе ви донесе обилни плодови, преку спасението на душите и процесот на евангелизацијата, како и низ исполнувањето на Кралството Божјо и Неговата праведност. Тогаш вашата душа ќе напредува и вие ќе ја примите силата на молитвата. Поради примањето на одговорите од Бога, вие ќе му ја оддавате благодарноста на Бога и сето тоа ќе ви донесе големи награди на Небесата, а вие ќе се радувате и нема да се изморите. Значи, ако ја исповедаме нашата вера во Бога, сосем природно ќе биде и да ги почитуваме и Десетте Заповеди, коишто претставуваат концизен прилог на шеесет и шесте книги од Библијата.

Како шесто, Седумте Духови Божји ја мерат верноста на една личност.

Бог посакува од нас да бидеме верни, не само во некое одредено поле, туку во сиот Божји дом. Понатаму, како што е запишано во 1 Коринтјаните 4:2, *"А од управителите се бара, секој од нив да се покаже како верен,"* соодветно е за секој оној, кој што ги исполнува од Бога зададените должности, да го моли Бога за нивно зацврстување, за да може да се покаже како верен во сè и достоен за својата позиција, од страна на другите луѓе. Како дополнување, луѓето треба да ја бараат верноста дома и на работното место, па низ таа борба да се покажат верни во сè во што земаат учество, и таа мора да биде остварена во вистината.

Како седмо и последно нешто, Седумте Духови Божји ја мерат љубовта што една личност ја поседува.

Дури и една личност да ги исполнува квалификациите на шесте горенаведени стандарди, Бог ни кажува дека без љубовта ние сме "ништо" туку само "тропот на чинелите," а дека најголемата вера, надеж и љубов, претставува љубовта. Понатаму, Исус го исполнил законот со љубов (Римјаните 13:10) и дека за чедата Божји е најважно да се сакаат помеѓу себе.

За да можеме да ги добиеме одговорите од Бога на нашите молитви, мораме прво да се квалификуваме и да ги поминеме мерењата на стандардите коишто ги извршуваат

Седумте Духови Божји. Дали тоа значи дека новите верници, кои сеуште не ја познаваат вистината, нема да ги примат одговорите на своите молитви?

Да претпоставиме дека едно дете, кое сеуште не може да зборува, еден ден јасно рече, "Мамо!" Радоста на неговите родители ќе биде толку голема, што веднаш ќе му дадат сѐ на своето дете.

По истиот тој принцип, поради тоа што постојат различни нивоа на верата, Седумте Духови Божји ги мерат сите и одговараат во согласност со нив. Затоа на Бога Му е угодно, и е навистина трогнат ако им одговори на молитвите на новиот верник, кога тој ќе покаже барем и мала вера. Исто така, на Бога му е навистина угодно да им одговори на молитвите на верниците кои што се наоѓаат на второто или третото ниво на верата, поради тоа што му се угодни натрупаните молитви според нивната мерка на верата. Верниците кои што се наоѓаат на четвртото или петтото ниво на верата, веднаш ги добиваат одговорите од Бога, бидејќи ги живеат своите животи и се молат на многу поугоден начин за Бога, па затоа и ги добиваат поголемите квалификации од страна на Седумте Духови Божји.

Да резимираме, колку што е поголемо нивото на верата во коешто се наоѓа една личност – ако е свесна за законите на духовниот свет, и го живее својот живот според нив – толку побргу ќе ги прими и Божјите одговори. Зошто тогаш новите верници, често побрзо ги примаат одговорите од Бога? Преку милоста којашто ја примаат од Бога, новите верници стануваат исполнети со Светиот Дух и веднаш стануваат квалификувани во очите на Седумте Духови Божји, па затоа и побргу ги примаат одговорите од Бога.

Со текот на времето, како што личноста подлабоко навлегува во вистината, таа станува помрзелива и постепено ја губи својата прва љубов, а со ладењето на првиот жар се добива тенденцијата да се развие однесувањето "да се прават нештата онака попат".

Ајде да станеме соодветни во очите на Седумте Духови Божји, понесени од нашиот жар кон Бога, и ревносно да ги живееме своите животи во вистината, да ги примаме одговорите од Отецот за било што и да побараме во молитвата, и да ги водиме благословените животи, во коишто ќе му оддаваме благодрност на Бога!

Глава 4

Срушете го ѕидот на гревот

Ете, не е прекратка раката ГОСПОДОВА,
за да не може да нѐ спаси;
ниту пак увото му е затнато,
та да не може да нѐ чуе.
Туку беззаконијата ваши создадоа разделба
меѓу вас и вашиот Бог,
а гревовите ваши го сокрија
лицето Негово од вас,
та да не може да ве чуе

———✦———

(Исаија 59:1-2).

Бог им кажува на чедата Свои во Матеј 7:7-8, *"Посакајте, и ќе ви се даде; барајте и ќе најдете; почукајте, и ќе ви се отвори. Затоа што секој кој што моли, добива, и секој кој што бара, наоѓа, а на оној кој што ќе почука, ќе му биде отворено"* и им ветува дека ќе им ги даде одговорите на нивните молитви. Но, зошто тогаш голем број на луѓе не успеваат да ги добијат одговорите од Бога, и покрај Неговото ветување?

Бог не ја слуша молитвата на грешниците; Тој го одвраќа лицето Свое од нив. Тој исто така не може да им одговори ниту на луѓето кои што имаат изградено ѕид на гревот помеѓу нив и Бога. Затоа, за да можеме да уживаме во доброто здравје и да може сè добро да ни оди во животот, додека нашите души напредуваат, приоритет мора да му дадеме на уништувањето на ѕидот на гревот, што ја блокира комуникацијата помеѓу нас и Бога.

Преку истражувањето на најразличните елементи во коишто сте земале учество, и со тоа сте помогнале во изградбата на ѕидот на гревот, ве поттикнувам да станете благословени чеда Божји, кои што се каат за своите гревови, ако видите дека постои ѕид на гревот помеѓу нив и Бога, и да почнете да ги добивате одговорите на своите молитви, а со тоа да му ја оддавате благодарноста на Бога.

1. Уништете го ѕидот на гревот, којшто се создал заради вашето неверување во Бога, и вашето не прифаќање на Господа Исуса Христа за Свој Спасител

Библијата ни укажува дека е грев некој да не верува во Бога и да не го прифати Исуса Христа како свој Спасител (Јован 16:9). Голем број на луѓе ќе кажат, "Безгрешен сум, бидејќи водев добар живот," но во своето духовно незнаење тие ги кажуваат таквите нешта, бидејќи не ја познаваат природата на гревот. Поради фактот што Словото Божјо не пребива во срцата на овие личности, тие не можат да направат разлика меѓу вистински правилните и вистински неправилните нешта, и не можат да го разликуваат доброто од злото. Понатаму, без познавањето на вистинската праведност, ако стандардите на светот им кажуваат, "Вие не сте толку зли," тие веднаш безрезервно изјавуваат дека се добри. Без разлика колку и да е добар животот којшто го водат, кога ќе се свртат и погледнат што направиле во него, но под светлината на Словото Божјо, откако ќе го прифатат Исуса Христа, тогаш ќе откријат дека животите воопшто не им биле "добри". Тоа се должи на фактот што ќе сватат дека животот не може да им биде добар, без да го прифатат Исуса Христа. Таквото нешто претставува еден од најголемите гревови. Бог е должен да им одговори на молитвите на луѓето кои што го прифатиле Исуса Христа, кои што станале Негови Божји чеда, и тие го имаат правото за таквото нешто, врз основа на ветувањето коешто им го дал.

Причината поради која чедата Божји – кои веруваат во Него и го имаат прифатено Исуса Христа за свој Спасител – не се во можност да ги примат одговорите на своите молитви, лежи во тоа што тие не успеваат да го видат постоењето на ѕидот на гревот, којшто произлегува од нивните гревови и зло, и којшто се испречил меѓу нив и Бога. Тоа е причината поради која, иако постат и остануваат будни молејќи се цела ноќ, Бог сепак го одвраќа лицето Свое од нив, и не им испраќа одговори на нивните молитви.

2. Уништување на гревот, којшто се состои во тоа што не успеваме да се сакаме помеѓу себе

Бог ни кажал дека е природно Неговите чеда да се сакаат помеѓу себе (1 Јован 4:11). Како дополнение, поради тоа што Тој ни има кажано да се сакаме помеѓу себе, но да ги сакаме дури и нашите непријатели (Матеј 5:44), па омразата кон нашите браќа во верата претставува прекршување на Словото Божјо, а со самото тоа е голем грев.

Затоа што Исус Христос ја покажал Својата љубов кон нас, преку поднесувањето на маките на распнувањето на крстот, за нас, кои што сме заробени од гревот и злото, правилно е за нас да ги сакаме своите родители, браќа и сестри, и своите деца. Но претставува смртен грев ако во срцето ги натрупуваме лекомислените емоции, како што се омразата и неволноста да си простиме меѓу себе. Бог не ни заповедал да ја искажеме љубовта која што е еднаква на онаа на Исуса Христа, Кој што загинал на крстот заради нас, за да нè ослободи од гревовите наши; Тој единствено побарал од нас да ја отфрлиме омразата и да си простиме меѓу себе. Зошто тогаш, ваквото нешто би било толку тешко?

Бог ни кажува дека секој кој што ги мрази браќата свои е "убиец", *"Секој кој што го мрази братот свој, е човекоубиец, а знаете дека во ниту еден човекоубиец не пребива животот вечен"*(1 Јован 3:15), и дека нашиот Отец Небесен ќе нè третира како такви, ако не им простуваме на браќата наши (Матеј 18:35), и нè поттикнува на љубов и оддалечување од нетрпеливоста и злобата кон браќата и сестрите наши, за да го избегнеме судот (Јаков 5:9).

Поради Светиот Дух, Кој што пребива во нас, преку љубовта на Исуса Христа, Кој што бил распнат и нè откупил од гревовите наши, во минатото, сегашноста и во иднината, откако ќе се покаеме пред Него, ќе можеме да ги сакаме сите луѓе, да се одвратиме од грешните патишта наши, и да го примиме Неговото простување. Затоа што луѓето од овој свет не веруваат во Исуса Христа, во нив нема место за прошка, дури иако се покаат, сепак не се во можност вистински да ја споделат вистинската љубов помеѓу себе, без водството на Светиот Дух.

Ако некој од браќата ве мрази, вие треба да го поседувате таквото срце, преку кое ќе можете да застанете во вистината, ќе го сватите и ќе му простите на својот брат. Вие би требало во љубов да се молите за него, за и самите да не станете грешници. Ако ги мразиме нашите браќа во верата, наместо да ги сакаме, ќе направиме грев пред Бога, ќе ја изгубиме исполнетоста со Светиот Дух, ќе станеме јадни и глупави и ќе ги поминеме деновите во тага. Тогаш не смееме ниту да очекуваме дека Бог ќе ни одговори на нашите молитви.

Единствено преку помошта од страна на Светиот Дух, ќе можеме да ја достигнеме љубовта, да ги сакаме и да им простуваме на нашите браќа, а потоа да ги примиме одговорите за било што и да посакаме од Бога, во нашите молитви.

3. Уништување на ѕидот на гревот, којшто настанал заради непочитувањето на Заповедите Божји

Во Јован 14:21, Исус ни кажува, *"Оној кој што ги има и ги запазува Заповедите Мои, е оној кој што Ме љуби; а оној кој што Мене ме љуби, ќе биде сакан и од Отецот Мој, а и Јас ќе го сакам, и Самиот ќе му се јавам."* Поради оваа причина, во 1 Јован 3:21 е запишано *"Возљубени, ако срцето не нѐ осудува, тогаш ја имаме смелоста пред Него;."* Со други зборови кажано, ако ѕидот на гревот се создал помеѓу нас и Бога, како резултат на нашето непочитување на Заповедите Божји, тогаш ние не можеме да бидеме во состојба да ги примаме одговорите на нашите молитви. Единствено кога чедата Божји ги запазувааат и почитуваат Заповедите на Отецот, и го прават она што му е Нему благоугодно, ќе бидат во состојба со сигурност да ги бараат одговорите на своите молитви од Него.

1 Јован 3:24 нѐ потсетува, *"Оној кој што ги запазува заповедите Негови, пребива во Него, и Тој во него. И по тоа знаеме дека Тој пребива во нас, по Духот што ни го дал."* Тука е нагласено дека единствено кога нашето срце ќе биде исполнето со вистината, преку целосното предавање на нашите срца на Господа, и кога ќе ги живееме нашите животи преку водството на Светиот Дух, ќе можеме да ги примаме одговорите на било која наша молитва, и да водиме успешни животи во секој аспект.

На пример, ако во срцето на човекот постојат стотици соби, и тој сите му ги предаде на Господа, тогаш неговата душа ќе напредува и ќе може да ги прима благословите за сѐ. Но, ако истата личност, му предаде на Господа само педесетина соби од своето срце, а другите ги користи за своја намена, тогаш таа нема да може да ги прима одговорите од Бога, бидејќи ќе го прима водството на Светиот Дух само во половина од случаите, додека другите ќе ги користи за да бара од Бога одговори за своите страсни желби на телото. Бидејќи нашиот Господ пребива во секого од нас, дури и да се појави пречка пред нас, Тој ќе нѐ зајакне, било да ја заобиколиме истата или да ја преминеме. Дури и да чекориме низ долината на сенките, Тој ќе ни го покаже патот по којшто ќе можеме да ја избегнеме, ќе делува за наше добро во сите нешта, и ќе нѐ поведе кон напредокот.

Кога му удоволуваме на Бога преку почитувањето на Неговите Заповеди, тогаш живееме во Бога и Тој во нас, и ние ќе му ја оддаваме благодарноста и славата на Бога, додека ги примаме одговори за своите молитви. Да го уништиме ѕидот на гревот, којшто настанал како резултат на непочитувањето на Заповедите Божји, да ги запазиме истите, а со тоа да се здобиеме и со сигурноста пред Бога во добивањето на одговорите на нашите молитви, славејќи го при тоа Бога.

4. Уништете го ѕидот на гревот, којшто настанал преку молитвите за задоволување на нашите страсти

Бог ни кажува да правиме сѐ во животот заради Неговата слава (1 Коринтјани 10:31). Ако се молиме за нешто друго, освен за Неговата слава, тогаш го бараме задоволувањето на нашите сладострастија и желби на телото, па затоа и не можеме да ги примиме одговорите од Него (Јаков 4:3).

Од една страна, ако ги барате материјалните благослови заради Кралството Божјо и Неговата праведност, заради олеснување на животот на сиромашните и спасението на душите, ќе ги примите Неговите одговори, бидејќи со тоа всушност ја барате Неговата слава. Од друга страна, ако ги барате материјалните благослови, со надеж дека потоа ќе можете да се фалите пред браќата кои ве прекориле, и ви кажале, "Како можеш да бидеш сиромашен, кога присуствуваш на богослужбите во црквата?" тогаш вие всушност се молите во согласност со злото, за да можете да ги задоволите вашите страсти, па затоа и нема да ги примите одговорите од Него. Дури и во овој наш овоземен свет, родителите кои што навистина ги сакаат своите деца, нема никогаш да им дадат $100 за да ги потрошат без врска. По истиот тој принцип и Бог не сака Неговите чеда да тргнат по погрешниот пат, па затоа Тој не им одговара на баш секоја молитва, што тие ја насочуваат кон Него.

1 Јован 5:14-15 гласи, *"Ова е сигурноста којашто ја имаме пред Него, а тоа е дека нѐ слуша кога замолуваме нешто според Неговата волја. И кога знаеме дека Тој нѐ слуша, тогаш што и да посакаме, ќе знаеме дека ќе ни удоволи, ако такви се барањата кои сме ги побарале од Него."* Единствено кога ќе успееме да ги отфрлиме нашите страсти и ќе се молиме во согласност со волјата на Бога, и во Негова слава, ќе можеме да ги примиме одговорите за било што и да побараме во молитвата.

5. Уништете го ѕидот на гревот, којшто настанува како резултат на соменежот во молитвата

Поради тоа што на Бога му е угодно да ја види нашата вера, без неа не е возможно да му угодиме Нему (Евреите 11:6). Во Библијта можеме да најдеме голем број на случаи, во коишто Божјите одговори го наоѓале патот до луѓето, кои што ја искажале својата вера во Него (Матеј 20:29-34; Марко 5:22-43, 9:17-27, 10:46-52). Кога луѓето не успеале во искажувањето на својата вера во Бога, тие биле прекорени заради својата "мала вера" па дури и да биле ученици на Исуса Христа (Матеј 8:23-27). Кога луѓето му ја покажувале на Бога, својата голема вера во Него, дури и да биле Незнабожци, тие биле наградувани (Матеј 15:28).

Бог ги прекорува оние, кои што не успеале да поверуваат, и кои што дури и најмалку искажале сомнеж во верата своја (Марко 9:16-29), и ни кажува дека, ако во себе го носиме и најмалиот сомнеж додека се молиме, не смееме да си мислиме дека ќе добиеме нешто од Господа (Јаков 1:6-7). Со други зборови кажано, дури и да постиме и се молиме долго во ноќта, ако нашите молитви се исполнат со сомнежи, тогаш не смееме да очекуваме било што од Бога.

Понатаму, Бог нѐ потсетува, *"Вистина ви велам, ако некој ѝ рече на оваа гора, 'Подигни се и фрли се во морето,' а не се посомнева во срцето свое, туку* цврсто верува дека ќе биде онака како што кажал, тоа и ќе се случи. *Затоа ви велам, сѐ што ќе побарате во молитвата, верувајте дека сте го примиле, и тоа ќе ви биде дозволено"* (Марко 11:23-24).

Затоа што *"Бог не е човек, па да лаже, ниту пак е син човечки, па да се кае; Зар кога Тој ќе рече нешто, нема ли тоа да го направи? Зарем ќе вети нешто, а нема да го исполни?"*, како што ветил, Бог навистина ќе им одговори на нашите молитви, на сите оние кои што веруваат и ја бараат Неговата слава. Луѓето кои што го сакаат Бога и ја поседуваат верата во Него, се обврзани да веруваат и да ја бараат славата на Бога, па затоа и им се кажува да бараат сѐ што и да посакаат. Бидејќи веруваат, тие ги примаат одговорите за било кое свое барање, па затоа и му ја оддаваат славата на Бога. Да се ослободиме себеси од сомнежите и едноставно да веруваме, па да ги примаме одговорите од Бога, за да можеме да му ја оддаваме славата Нему, заради задоволувањето на желбите на нашите срца.

6. Уништете го ѕидот на гревот, којшто настанува заради тоа што не посејуваме ништо пред Бога

Како Владетел на сето што е во универзумот, Бог ги воспоставил законите на духовниот свет, и како праведниот Судија, Тој ги води сите нешта кон правилен ред.

Кралот Дариј не можел да го спаси својот сакан слуга

Даниел од лавовото дувло поради тоа што, како крал, не можел да го прекрши декретот што самиот напшмено го поставил како закон. Слично на тоа, и Бог не може да го прекрши законот на духовниот свет, што Тој Самиот го има воспоставено, а сето што е во универзумот, системски се одвива под Негова надлежност. Затоа, "Бог не дозволува да биде изигран" и му дозволува на човекот да го пожнее само она што и го посеал (Галатјаните 6:7). Ако една личност посее во молитвата, тогаш таа ќе може да ги прими духовните благослови; ако долго сее во своето време, ќе го прими благословот на доброто здравје; ако ги сее понудите кон Бога, тогаш Бог ќе ја држи понастрана од проблемите во бизнисот и домот, и ќе ја благослови со уште поголеми материјални добра.

Кога посејуваме пред Бога на разни начини, тогаш Тој им одговара на нашите молитви и ни го подарува она што го посакуваме. Преку напорното сеење пред Бога, да не ги добиваме само обилните плодови, туку исто така и да ги примиме и одговорите на нашите молитви кон Него.

Како дополнение на горенаведените шест ѕида на гревот, во "гревот" се вклучени и желбите и делата на телесното, како што се неправедноста, зависта, гневот, лутината и гордоста, не покажувањето борба против гревот сѐ до точката на пролевањето крв и губењето жар кон Кралството Божјо. Преку учењето и разбирањето на различните фактори што го создаваат ѕидот на гревот, што стои помеѓу нас и Бога, да го разрушиме тој ѕид и секогаш да ги примаме Неговите одговори, а со тоа и да му ја оддаваме славата на Бога. Сите треба да станеме верници, кои што уживаат во доброто здравје и на кои сѐ добро им оди во животот, додека нашите души напредуваат.

Базирано на Словото Божјо, коешто може да се најде во Исаија 59:1-2, ги разгледавме бројните фактори, кои што го создаваат ѕидот на гревот што стои меѓу нас и Бога. Се молам во името на Исуса Христа, секој од вас да стане благословено чедо Божјо кое што ја разбира природата на ѕидот на гревот, што ужива во доброто здравје и во доброто во сите сфери од животот, додека душата му напредува, и да му ја оддава славата на Отецот Небесен, поради примањето на одговорите на своите молитви!

Глава 5

Ќе пожнеете што ќе посеете

Ви го кажувам ова, оној кој што сее скржаво,
скржаво и ќе жнее, а оној кој што сее обилно,
обилно и ќе жнее. Секој нека даде како што одлучил во
срцето свое, не жалејќи се и не од принуда,
бидејќи Бог го љуби радосниот дарител

(2 Коринтјани 9:6-7).

Скоја есен можеме да видиме изобилство на златни бранови од зрел оризов посев по полињата. За да може да се пожнее овој ориз, мораме да знаеме дека во него бил вложен трудот на земјоделецот и неговата посветеност кон работата, од сеењето на семето, ѓубрењето на полето, па до негувањето на растението низ пролетта сè до летото.

Земјоделецот кој што има големо поле и кој што посеал повеќе семе, ќе мора понапорно да работи од оној кој што посеал помалку. Но надевајќи се на добра и голема жетва, тој вредно и напорно работи на своето поле. По истиот принцип, по којшто законот на природата наложува дека "Секој женее онолку колку што посеал," треба да знаеме дека и според законот на Бога, Кој што е Сопственикот на духовниот свет, важи истиот закон и во духовниот свет.

Меѓу денешните Христијани, постојат некои кои бараат од Бога да им ги исполни желбите без да посеат, додека други пак, се жалат на недостатокот од одговорите, иако воопшто не вложиле напор во молењето. Иако Бог сака да им ги даде на Своите чеда обилните благослови, и да им ги подари одговорите за нивните проблеми во животот, луѓето често не успеваат да го сватат законот за сеењето и жетвата, па затоа и не ги добиваат одговорите на своите желби.

Базирајќи се на природниот закон што ни кажува, "Секој жнее онолку колку што ќе посее," ајде да видиме што е тоа, што би требало да го посееме, за да можеме да ги примиме одговорите од Бога, и потоа безрезервно да Му ја оддаваме славата заради тоа.

1. Полето прво мора да биде обработено

Пред да се посее семето, земјоделецот мора прво да го обработи полето на коешто треба да работи. Тој ги собира и фрла камењата коишто се по полето, и создава средина и услови во коишто семето може добро да расте. Согласно со посветеноста и трудот на земјоделецот, дури и некое опустошено место може да стане плодна почва за сеење.

Библијата ги споредува срцата на луѓето со полето за сеење, и ги карактеризира во четири различни категории (Матеј 13:3-9).

Првиот тип на поле е "полето коешто се наоѓа покрај патот."

Почвата на полето коешто се наоѓа покрај патот е многу цврста. Личноста која го поседува таквото срце, присуствува на богослужбите во црквата, но иако го слуша Словото Божјо, не ја отвара портата на срцето свое. Затоа, таквата личност не е во состојба да го познае Бога, и поради недостатокот на верата, не успева во обидот да постигне просветеност.

Вториот тип на поле е "каменитото поле."

На каменитото поле, поради фактот што е преполно со камења, пупките на растенијата не можат правилно да се развиваат. Личноста која што го поседува таквото срце, го познава Словото само како знаење, и нејзината вера не е проследена со дела. Поради фактот што ја нема сигурноста во верата, таа бргу паѓа во времињата на искушенијата и страдањата.

Третиот тип на поле е "трновитото поле."
Во такво трнливо поле, поради тоа што трњето расте и ги задушува растенијата кои што се одгледуваат, добрите плодови никогаш не можат да се пожнеат. Личноста која што го поседува таквото срце верува во Словото Божјо и се обидува да го живее својот живот според него. Но тој не делува во согласност со волјата на Бога, туку во согласност со желбите на телото. Заради тоа што растот на Словото што е посеано во срцето е изменет поради мешањето на искушението за сопственост и профит, или световните грижи, тоа не може да даде никаков плод. Иако таквата личност се моли, таа не е во состојба да се потпре на "невидливиот" Бог, па сходно на тоа лесно може да ги развие своите сопствени мисли и начини. Затоа таквата личност не успева да ја искуси Божјата сила, бидејќи Бог може да ја посматра неа само оддалеку.

Четвртиот тип на поле е "плодната почва."
Еден верник кај кого срцето е слично на ваквата добра, плодна почва, единствено со "Амин" го прифаќа сето она што е кажано од Бога преку Неговото Слово, и му се

покорува на истото со вера, без да изнесува било какви свои размислувања или аспекти. Кога семето ќе се посее на плодна почва, тоа добро расте и се развива, па дава добар плод, стотина, шеесет или триесет пати повеќе од тоа што било посеано.

Исус единствено кажувал "Амин" и бил верен на Словото Божјо сѐ до самиот крај (Филипјаните 2:5-8). Слично на тоа, една личност која што го поседува срцето како "плодната почва" е безусловно верна на Словото Божјо и го живее својот живот според Него. Ако Словото Божјо ѝ каже секогаш да се радува, тогаш таа е радосна во било која ситуација во животот. Ако Неговото Слово ѝ каже постојано да се моли, тогаш таа непрестано ќе го прави тоа. Личноста која што го поседува срцето коешто е како "плодната почва" може секогаш да комуницира со Бога, да ги прима одговорите на своите молитви, и да го живее животот според Неговата волја.

Без разлика какво и да е полето на нашето срце во моментот, тоа сепак може да се развие во плодна почва со текот на времето. Ние можеме да го обработиме, изораме каменото поле и да ги извадиме камењата од него, да го отстраниме трњето и да го наѓубриме истото.

Како тогаш би можеле да ги култивираме своите срца и да ги претвориме во "плодната почва"?

Како прво треба да го обожуваме Бога во духот и вистината.

Мораме да Му го предадеме на Бога сиот наш ум, волја, посветеност и сила, и во љубов да Му го понудиме нашето срце. Тогаш и само тогаш, ќе можеме да бидеме безбедни од празните размислувања, заморот и поспаноста, и да бидеме во состојба да си ги претвориме срцата во плодна почва, преку силата што ќе се спушти одозгора, од Небесата.

Како второ, мораме да ги отфрлиме своите гревови, сè до точката на пролевањето крв.

Штом во целост ќе го испочитуваме и ќе му се покориме на Словото Божјо, вклучувајќи ги тука и сите "Прави" и "Не прави" заповеди, штом ќе го живееме својот живот според него, тогаш нашето срце постепено ќе се претвори во плодна почва. На пример, кога зависта, љубомората, омразата и сличните нешта, ќе ги откриеме во нас, единствено преку ревносната молитва ќе можеме да го претвориме своето срце во плодна почва за Словото Божјо.

Ако вредно го испитуваме и култивираме полето на своето срце, нашата вера сè повеќе ќе расте и во Божја љубов сите нешта во животот добро ќе ни одат. Мораме огнено и ревносно да ја култивираме почвата на своето срце, бидејќи колку што повеќе го живееме животот според Словото Божјо, толку повеќе ќе имаме и раст на нашата духовна вера. Колку повеќе ќе расте нашата духовна вера, толку повеќе "плодна почва" ќе поседуваме. Затоа мораме вредно и постојано да работиме на култивацијата на своите срца.

2. Треба да се сее најразлично семе

Откако почвата ќе биде култивирана, земјоделецот ќе го посее полето. Исто како што консумираме различни типови на храна, за да го одржиме балансот на нашето здравје, исто така и земјоделецот треба да посади и одгледува најразлични типови на ориз, жито, зеленчук, грав и слично.

Сеејќи пред Бога, треба да сееме најразлични нешта. "Сеењето" духовно се однесува на покорноста, на запазувањето на Заповедите Божји, на она што Тој ни кажува да го "Правиме." На пример, ако Бог ни каже секогаш да се радуваме, тогаш со нашата радост, која потекнува од нашата надеж за Небесата, ќе можеме лесно да сееме, и преку ваквата радост на Бога исто ќе му биде благоугодно и ќе ни ги дозволи одговорите на желбите на нашите срца (Псалм 37:4). Ако Тој ни каже "Проповедајте го Евангелието," тогаш мораме вредно да се трудиме да го рашириме Словото Божјо. Ако Тој ни каже "Сакајте се меѓу себе," "Бидете верни," "Бидете благодарни," и "Молете се," тогаш мораме да го сториме токму тоа.

Како дополнение, животот според Словото како што е давањето соодветен десеток, и запазувањето на светоста на Сабатот, претставува дело на сеење пред Бога, па она што ќе го посееме ќе даде пупки, ќе израсне, ќе процвета и ќе даде изобилство на плодови.

Ако сееме ретко, неволно или под присила, тогаш Бог нема да го прифати нашиот труд. Исто како што еден земјоделец го сее своето семе со надеж дека ќе може да пожнее добра жетва на есен, исто така и ние треба преку верата да веруваме и да ги сосредоточиме своите очи кон Бога, кон Оној, Кој што нѐ благословува да добиеме сто, шеесет или триесет пати повеќе од она што сме го посеале.

Евреите 11:6 ни кажува, *"А без вера е невозможно да му се угоди на Бога, затоа што оној, кој што пристапува кон Бога, мора да верува дека Тој постои, и дека ги наградува оние што го бараат."*

Ставајќи ја нашата доверба во Неговото Слово, кога ќе погледнеме кон нашиот Бог, Кој што нѐ наградува и не гледа како сееме пред Него, ќе можеме потоа да уживаме во изобилството плодови, како во овој свет, но исто така и да натрупаме Небесни награди во Кралството Небесно.

3. Полето мора да се работи истрајно и со посветеност

Откако ќе го посее семето, земјоделецот работи на полето со крајна грижа и нега. Тој ги наводнува растенијата, го отстранува плевелот, и ги фаќа бубачките кои може да му наштетат. Без таквото упорно, истрајно работење, растенијата може да израснат, но може веднаш да овенат и да умрат, уште пред да дадат плод.

Во духовна смисла, "водата" го означува Словото Божјо. Како што Исус ни кажува во Јован 4:14, *"А кој ќе пие од водата, што Јас ќе му ја дадам, никогаш нема да ожедни; туку водата што ќе му ја дадам, ќе стане извор на вода во него, извирајќи во живот вечен,"* водата го симболизира животот вечен и вистината. "Фаќањето на бубачките" го означува бранењето на Словото Божјо, коешто е засеано по полињата на нашите срца, од делувањето на непријателот ѓаволот. Преку обожувањето, славењето и молитвата се одржува исполнетоста на нашите срца, дури и кога непријателот ѓаволот ќе се обиде да ни се замеша во работата по полето.

"Отстранувањето на плевелот" го означува процесот во којшто ги отфрламе невистините, како што се гневот, омразата и слични нешта. Како што вредно се молиме и напорно се обидуваме да ги отфрлиме гневот и омразата, гневот постепено ќе се искорени, а на негово место ќе се засади семето на кроткоста, и кога семето на љубовта ќе израсне, омразата во целост ќе биде искорната од корен. Кога невистините ќе се појават како пиреј и плеткањето од страна на непријателот ѓаволот ќе биде оневозможено, тогаш ќе можеме да растеме во верата како вистинските чеда Божји.

Важен фактор во одгледувањето на полето, откако ќе биде посеано семето, е истрајното чекање на вистиското време. Ако земјоделецот го ископа семето, веднаш штом ќе го посее истото, за да види дали тоа изртело или не, лесно може да доведе до скапување на истото. Пред да може да се стигне до жетвата, се очекува искажување на голема посветеност и истрајност во работата.

Времето коешто е неопходно да се донесе плодот се разликува од семе до семе. Додека на дињата и лубеницата им е потребна помалку од една година за да дадат плод, на јаболкото и на крушата им се потребни неколку години. Радоста на земјоделецот којшто одгледува женшен, би била неспоредливо поголема од онаа на земјоделецот којшто одгледува лубеници, бидејќи вредноста на пазарот на женшенот што тој го одгледувал со години, не може да се спореди со цената на лубеницата, којашто се одгледува за многу пократок временски период.

Според истото тоа значење, ако сееме пред Бога во согласност со Неговото Слово, понекогаш можеме да бидеме во состојба веднаш да ги примиме Неговите одговори, но исто така и да ја собереме жетвата во неке друго време, бидејќи ќе ѝ биде потребен поголем временски период. Како што Галатјаните 6:9 нѐ потсетува, "Да не се умориме во правењето добрина, бидејќи затоа што ќе жнееме во право време, ако не се умориме," сѐ додека не дојде вистинскиот час на жетвата, ние мораме да продолжиме со обработувањето на нашето поле, покажувајќи истрајност и посветеност во работата.

4. Ќе го пожнеете она што сте го посеале

Во Јован 12:24, Исус ни кажува, *"Вистина, вистина ви велам, ако зрното пченично не падне на земјата и не умре, останува само; но ако умре, донесува многу плод."* Во согласност со Законот Негов, Богот на правдата го засадил Исуса Христа, Својот Единствен Еднороден Син, како откупителна жртва за целото човештво, и дозволил да и Тој, како зрното пченично падне и умре. Но, низ Својата смрт, Исус произвел голем број на плодови.

Законот на духовниот свет, е сличен на оној од природата, којшто налага "Ќе го пожнеете она што сте го посеале," тоа е закон на Бога, што не може да биде прекршен. Галатјаните 6:7-8 експлицитно ни кажува, *"Не лажете се, Бог не дозволува да биде изигран; она што човекот ќе го посее, тоа и ќе го пожнее. Кој во телото свое ќе посее, од него и ќе пожнее погибел, но кој што во Духот ќе посее, од Духот ќе пожнее живот вечен."*

Кога земјоделецот ќе го посее семето по полето, во зависност од видот на семето, ќе може порано да го пожнее од другите, и да продложи со сетвата, како што поминува времето и тоа полека созрева. Колку што повеќе земјоделецот вредно сее по своето поле, толку поголема ќе биде и жетвата што ќе ја пожнее. Според истото значење, дури и во нашиот однос кон Бога, ние го жнееме она што сме го посеале.

Ако ги посеете молитвата и славењето, преку силата што доаѓа одозгора, ќе можете да го живеете животот според Словото Божјо, а душата ваша ќе напредува. Ако е вредна вашата работа за Кралството Божјо, тогаш болестите ќе ве напуштат, а вие ќе ги примате благословите во духот и телото. Ако ревносно сеете со вашите материјални добра, преку соодветниот десеток и понудите благодарници, тогаш Тој ќе ви ги подари уште поголемите материјални благослови, со намера да ги користите истите за Кралството Небесно и Неговата праведност.

Нашиот Господ, Кој што ја наградува секоја личност во согласност со нејзините дела, во Јован 5:29, ни кажува, *"И оние кои што правеле добри дела [ќе излезат од нив] ќе воскреснат за живот, а оние кои што правеле зло, ќе воскреснат за осуда."* Па затоа мораме да го живееме својот живот според водството на Светиот Дух, и да правиме добри дела во своите животи.

Ако некоја личност сее не за Светиот Дух, туку за своите сопствени желби, тогаш таа личност единствено ќе може да ги пожнее нештата од овој свет, што се предодредени да поминат. Ако им судите и ги осудувате другите, тогаш и вам ќе ви се суди, во согласност со Словото Божјо, коешто гласи, *"Не судете, за да не бидете судени. Затоа што со каков суд судите, со таков и вам ќе ви се суди; и со каква мерка мерите, со таква и вам ќе ви се мери"* (Матеј 7:1-2).

Бог ни ги простил сите наши гревови, што претходно

сме ги направиле, пред да го прифатиме Исуса Христа. Но ако извршиме грев откако веќе сме дознале за вистината и за гревот, дури и да добиеме прошка преку покајанието, сепак ќе мораме да се соочиме со казната.

Ако сте го посеале гревот, согласно со законот на духовниот свет, ќе го пожнеете плодот на вашиот грев, и ќе се соочите со времињата на испитание и страдања. Кога од Бога саканиот Давид згрешил, Бог му рекол, *"Зошто го презре Словото на ГОСПОДА, и зошто го направи она што е зло во очите Негови?"* и *"Ете, Јас ќе подигнам непријател против тебе, од твојот сопствен дом"* (2 Самоил 12:9; 11). Додека на Давида му биле простени гревовите кога се покајал, "Згрешив пред ГОСПОДА," исто така знаеме дека Бог, бидејќи тој го презрел ГОСПОДА, удрил по детето што Уриевата жена му го родила на Давида (2 Самоил 12:13-15).

Затоа мораме да го живееме својот живот според вистината и да правиме добри дела. Мораме секогаш да се сеќаваме на фактот дека ќе го пожнееме само она што сме го посеале. Треба да сееме за Светиот Дух, да го примиме вечниот живото од Светиот Дух, и секогаш да ги примаме изобилните благослови од Бога.

Во Библијата постојат записи за голем број личности, кои што последователно на тоа што му угодувале на Бога, ги примиле Неговите обилни благослови. Затоа што угледната жена од Сунам постојано го третирала Елисеј, човекот Божји, со крајна почит и љубезност, тој постојано престојувал во нејзината куќа, кога и да дошол во таа област. Откако продискутирала со својот маж во врска со подготвувањето на гостинската соба за пророкот и откако ставила кревет за него, маса, столче и лампа, и го замолила да остане во нејзината куќа (2 Кралеви 4:8-10).

Елисеј бил навистина трогнат од посветеноста на таа жена. Кога дознал дека мажот ѝ е стар, и дека немале деца, знаејќи дека да има деца била нејзината најголема животна желба, Елисеј го замолил Бога да ѝ дари благослов да роди дете, па затоа Бог подоцна ја благословил со син, една година подоцна (2 Кралеви 4:11-17).

Како што Бог ни ветил во Псалм 37:4, *"Сета твоја радост нека биде во ГОСПОДА; И Тој ќе ги исполни желбите на срцето твое,"* на Сунамката ѝ била дадена желбата на нејзиното срце, бидејќи добро и со голема грижа и посветеност се однесувала кон слугата Божји (2 Кралеви 4:8-17).

Во Дела 9:36-40 има запис за жената во Јопија, по името Тавита, која што правела многу добри дела и милостини. Кога се разболела и умрела, учениците веднаш му ја пренеле веста на Петар. Кога дошол на самото место, вдовиците му ги покажале на Петар облеките и туниките, што Тавита ги направила за нив, и го молеле да ја врати во живот. Петар бил навистина трогнат од гестот на жените, и искрено му се помолил на Бога за тоа. Кога рекол, "Тавита, стани," таа веднаш ги отворила очите и седнала. Поради добрите дела што Тавита ги посеала пред Бога и затоа што им помагала на сиромашните, таа била благословена со продолжување на својот живот.

Во Марко 12:44 е запишан настанот со сиромашната вдовица, која што му дала на Бога сè што поседувала. Исус, Кој што ја гледал толпата како дава понуди во храмот, им рекол на Своите ученици, *"Затоа што сите ставија од својот вишок, а таа, стави сè од својата сиромаштија, сè што поседуваше, сè што имаше за живот"* и ја пофалил. Не е тешко да претпоставиме дека таа потоа примила големи благослови во својот живот.

Според законот на духовниот свет, Богот на правдата ни дозволува да го пожнееме она што сме го посеале, и нè наградува во согласност со нашите дела. Бидејќи Бог делува во согласност со верата кај секој поединец, како што личноста верува и му се покорува на Словото Божјо, би требало да сватиме дека можеме да ги примиме одговорите за сè што бараме во нашите молитви. Се молам во името на Господа Исуса Христа, да имајќи го ова на ум, секој од нас си го испита своето срце, вредно да работи на култивацијата на полето на своето срце, да го претвори во плодна почва, да посее многу семе, и истрајно и посветено да го одгледува истото, а потоа да се здобие со обилни плодови во жетвата!

Глава 6

Илија го прима Божјиот одговор преку огнот

И му рече Илија на Ахава, "Оди горе,
јади и пиј; затоа што го слушам шумењето на поројниот
дожд." Додека Ахав отиде горе да јаде и пие, Илија се искачи
на врвот на Крамил; се наведна кон земјата и го скри лицето
свое меѓу колената. Потоа му рече на својот слуга, "Оди горе
и погледни кон морето." Па така тој отиде горе, погледна и
рече, "Нема ништо." Илија му рече, "Врати се" седум пати.
На седмиот пат, слугата му кажа, "Ене, гледам облак, мал
како човечка дланка, којшто се подига од морето." Тогаш
Илија рече, "Оди кажи му на Ахава, 'Впрегни ја кочијата и
слези, за да не те фати поројниот дожд.'" Одеднаш небото се
смрачи од облаци и виор, и падна силен дожд. А Ахав се качи
во колата и отиде во Езраел

(1 Кралеви 18:41-45).

Моќниот слуга Божји, Илија, можел да посведочи за живиот Бог, и направил идолопоклониците Израелци да се покаат за своите гревови, преку добивањето на одговор од Бога во огин, којшто го побарал и го добил од Него. Понатаму, кога земјата била опустошена од три и пол годишната суша, заради гневот Божји кон Израелците, Илија го извел чудото на престанок на сушата, носејќи го поројниот дожд.

Ако веруваме во живиот Бог, треба да ги примиме огнените одговори од Бога, токму онака како што тоа го направил Илија, за да посведочиме за Него, и да му ја оддаваме славата Нему.

Преку истражувањето на верата на Илија, кој што го примил одговорот од Бога во огин, и со свои очи го видел исполнувањето на желбите на своето срце, ајде и ние да станеме благословени чеда Божји, кои секогаш ќе ги примаат одговорите од Бога во огнот.

1. Верата на Илија, слугата Божји

Како избраните од Бога, Израелците требале самите да го обожуваат Бога, но нивните кралеви почнале да прават зло пред очите на Бога, и да им се поклонуваат на идолите. Во времето на Ахавовото устоличување на престолот, луѓето Израелеви почнале да прават повеќе зло од порано, а идолопоклонството ја достигнало својата кулминација. Гневот на Бога насочен кон Изрелот во тој момент, се изразил во три и пол годишната суша, која што ги погодила тие предели. Бог го воспоставил Илија за Свој слуга и преку него ги манифестирал Своите дела.

Бог му рекол на Илија, *"Оди, покажи му се на Ахава, и Јас ќе испратам дожд на лицето на земјата"* (1 Кралеви 18:1).

Мојсеј, кој што ги извел Израелците од Египет, во почетокот не го послушал Бога кога Тој му наредил да оди пред фараонот. Кога на Самоила му било кажано да изврши помазание на Давида, пророкот веднаш го искажал својот непокор кон наредбата Божја исто така. Но кога Бог му рекол на Илија да оди и да се појави пред Ахава, кралот кој што веќе три години се обидувал да го убие, пророкот безусловно ѝ се покорил на Божјата заповед, и ја исповедал толку големата вера што му била благоугодна на Бога.

Заради тоа што Илија ѝ се покорил на заповедта и затоа што верувал во сѐ што било Божјо Слово, преку овој пророк Бог постојано ги манифестирал Своите моќни дела. На Бога му била благоугодна покорната Илијина вера, па затоа многу го сакал, го признал за Свој слуга, постојано го придружувал, и гарантирал успех на секое негово настојување. Затоа што Бог ја посведочил верата на Илија, тој бил во состојба да воскреснува мртви, да го прими одговорот Божји преку огнот, и на крајот преку виорот, да биде земен на Небесата. Иако постои само еден Бог, Кој што седи на престолот Небесен, Семоќниот Бог може да ги надгледува сите нешта во универзумот, и да дозволи Неговите моќни дела да се случуваат онаму, каде што Тој е сеприсутен. Како што можеме да прочитаме во Марко 16:20, *"И тие излегоа и проповедаа насекаде, а Господ им помагаше и го потврдуваше Словото, преку Своите знаци што ги следеа,"* кога една личност и неговата вера ќе бидат препознаени и признаени од страна на Бога, тогаш знаците, чудесата и Неговите одговори ќе ја придружуваат, и ќе бидат знак на манифестирањето на Неговите дела.

2. Илија го прима одговорот од Бога преку огнот

Затоа што Илија бил доволно верен и покорен за да биде достоен за Божјото признавање, пророкот можел храбро да пророкува за престојната суша, којашто требало да се случи во Израелот.

Тој можел храбро да му каже на кралот Ахав, *"Како што е ГОСПОД, Богот Израелев жив, пред кого сега стојам, така сигурно нема да има ниту роса, ниту дожд, во текот на три години, освен преку словото мое"* (1 Кралеви 17:1).

Поради тоа што Бог веќе знаел дека кралот Ахав ќе го стави во опасност животот на Илија, кој што прорекол за престојната суша, Бог го повел пророкот кон потокот Херит, му кажал да остане таму некое време, и им наредил на гавраните да му носат леб и месо наутро и навечер.

Кога Херит пресушил поради недостатокот на дожд, Бог го повел Илија кон Сарепта, каде што една вдовица го снабдувала со храна.

Кога синот на вдовицата се разболел, ситуацијата му станувала сè полоша, и на крајот тој умрел. Тогаш Илија повикал кон Бога во молитвата: *"О ГОСПОДИ, мој Боже, Те молам, направи да се врати животот во ова дете"* (1 Кралеви 17:21)!

Бог ја слушнал молитвата на Илија, го воскреснал детето и му дозволил да живее. Преку овој настан Бог потврдил дека Илија бил Божји човек, дека од устата негова излегува Словото Божјо, и дека тоа е вистинито (1 Кралеви 17:24).

Луѓето од нашата генерација го живеат својот живот во времето кога не можат да поверуваат во Бога, освен ако не посведочат на Неговите чудесни знаци и чудеса (Јован 4:48). За да можеме да сведочиме за живиот Бог денес, секој од нас треба да се наоружа со верата каква што ја имал пророкот Илија, и храбро да започне со ширењето на Евангелието.

Во третата година од пророштвото, во коешто Илија му кажал на Ахава, *"Сигурно нема да има ниту роса, ниту дожд, во текот на три години, освен преку словото мое,"* Бог му рекол на пророкот Свој, *"Оди, покажи му се на Ахава, и Јас ќе испратам дожд на лицето на земјата"* (1 Кралеви 18:1).

Во Лука 4:25 можеме да прочитаме дека *"во времето на Илија, кога небото беше затворено три години и шест месеци и настана голема глад по целата земја."* Со други зборови кажано, во Израел не паднал дожд во текот на три и пол години. Пред Илија да отиде пред Ахава по втор пат, кралот безуспешно го барал пророкот насекаде, па дури и во соседните земји, цврсто верувајќи дека вината за три и пол годишната суша лежи во пророкот Илија.

Иако Илија се соочувал со опасноста да биде убиен во моментот кога ќе се појави пред Ахава, тој храбро му се покорил на Словото Божјо. Кога Илија застанал пред Ахава, кралот го прашал, *"Ти ли си тој, што го упропастуваш Израелот?"* (1 Кралеви 18:17) А Илија на тоа одговорил, *"Јас не сум тој што го упропастува Израелот, туку тоа го правиш ти и домот на твојот татко, затоа што ги заборавивте Заповедите ГОСПОДОВИ, и почнавте да му служите на Баала"* (1 Кралеви 18:18). Тој му ја пренел волјата Божја на кралот, и никогаш не се плашел. Илија дури и отишол еден чекор понапред и му рекол на Ахава, *"Сега собери го сиот Израел пред мене на гората Кармел, заедно со 450 пророци на Баала, и 400 пророци на Ашера, кои што јадат од трпезата на Језабела"* (1 Кралеви 18:19).

Илија бил многу свесен за фатот дека сушата се спуштила врз Израелот поради тоа што Израелците се оддале на идолопоклонство, па затоа побарал присуство на 850 пророци на идолите, за да изјави, "Богот што одговара преку огнот – Тоа е Бог." Илија верувал во Бога, па поради верата којашто ја искажал кон Бога, тој верувал дека ќе го прими одговорот од Бога низ огнот.

Тогаш тој им рекол на пророците на Баала, *"Изберете си за себе еден јунец, и подгответе го, бидејќи вие сте многу, повикајте го името на својот бог, но не ставајте оган под него"* (1 Кралеви 18:25). Кога Бааловите пророци не успеале да добијат никаков одговор, виткајќи ги колената пред жртвеникот од утрото до вечерта, Илија почнал да им се потсмева.

Илија верувал дека Бог ќе му одговори преку огнот, па затоа во радост им заповедал на Израелците да го изградат олтарот и да стават вода преку понудата и дрвата, па му се помолил на Бога.

Одговори ми, О ГОСПОДИ, одговори ми, за да знае сиот овој народ дека Ти, О ГОСПОДИ, си Бог, и дека Ти повторно ќе ги преобратиш срцата нивни (1 Кралеви 18:37).

Потоа, огнот ГОСПОДОВ паднал од Небесата и ја проголтал жртвата сепаленица, заедно со дрвата, камењата и правот, а водата што беше во ровот ја исуши. Луѓето, кога го виделе тоа, паднале долу, ставајќи ги лицата кон земјата, *"ГОСПОД е Бог; ГОСПОД е Бог"* (1 Кралеви 18:38-39).

Сето тоа станало можно, бидејќи кај Илија воопшто немало ниту малку сомнеж кога го прашал Бога (Јаков

1:6) и верувал дека веќе го примил она што го барал во молитвата (Марко 11:24).

Зошто Илија наредил да се истури вода врз жртвата сепаленица, а потоа почнал да се моли? Поради сушата што траела три и пол години, најреткото и највредното нешто во тоа време била водата. Преку полнењето на четири големи сада со вода, а потоа ставајќи ги врз жртвата сепаленица три пати (1 Кралеви 18:33-34), Илија му ја покажал на Бога својата вера, и му го понудил највредното нешто. Бог, Кој што го сака и љуби радосниот давател (2 Коринтјани 9:7) не само што му дозволил на Илија да го пожнее она што го посеал, туку исто така и му го дал одговорот во огнот, и им докажал на сите Израелци дека нивниот Бог е навистина жив.

Ако ги следиме чекорите на Илија и му ја покажуваме на Бога нашата цврста вера, ако му ги понудиме нашите најскапоцени нешта, и се подготвиме да ги примиме одговорите на нашите молитви, тогаш ќе можеме да посведочиме за живиот Бог, примајќи ги одговорите од Него во оган.

3. Илија го носи поројниот дожд

По претставувањето на живиот Бог на Израелците, преку одговорот во оган, Израелците кои што биле идолопоклоници се покајале, а Илија се сетил на заветот, што му го дал на Ахава *"Како што е ГОСПОД, Богот Израелев жив, пред кого сега стојам, така сигурно нема да има ниту роса, ниту дожд, во текот на три години, освен преку словото мое"* (1 Кралеви 17:1). Тој му рекол на кралот, *"Оди горе, јади и пиј; затоа што го слушам шумењето на поројниот дожд"* (1 Кралеви 18:42), и се искачил на врвот од Кармил. Тој тоа го сторил за да го исполни Словото Божјо, "Ќе испратам дожд на лицето на земјата," и да го прими одговорот од Бога.

Откако се искачил на врвот од Кармил, Илија клекнал на земјата и го ставил лицето свое меѓу своите колена. Зошто Илија се молел на таков начин? Илија бил во големо страдање додека се молел.

Преку оваа сцена можеме да претпоставиме колку искрено Илија го повикувал Бога, и извикувал кон Него со сето свое срце. Понатаму, додека не го видел одговорот од Бога со своите сопствени очи, Илија не престанал да се моли. Пророкот му дал задолжение на својот слуга, да набљудува и да го гледа морето, и сè додека слугата не го забележал облакот којшто оддалеку бил мал колку раката на човек, Илија се молел на таков начин, и тоа седум пати. Тоа било повеќе од доволно да го импресионира Бога и да го помрдне Неговиот Небесен престол. Поради фактот што Илија го донел поројниот дожд врз земјата, којашто била изложена на три и пол годишна суша, можеме да претпоставиме дака молитвата му била навистина моќна.

Кога Илија го примил одговорот од Бога во огнот, тој познал дека Бог работи за него, иако не му го кажал тоа; истото го направил и во врска со дождот. Откако го видел малиот облак, којшто оддалеку бил со големина колку раката на човекот, пророкот му испратил порака на Ахава, *"Впрегни ја кочијата и слези, за да не те фати поројниот дожд"* (1 Кралеви 18:44). Заради тоа што Илија ја поседувал верата преку која можел да познае преку усните свои, иако не можел да види со очите свои (Евреите 11:1), Бог можел да делува во согласност со неговата вера, па затоа набргу небото станало црно, исполнето со облаци и ветер, и почнал да паѓа пороен дожд на земјата (1 Кралеви 18:45).

Мораме цврсто да веруваме дека Бог, Кој што му ги дал одговорите на пророкот Илија, преку огнот и долго очекуваниот дожд по три и пол годишната суша, е истиот Бог, Кој што ќе нè спаси од искушенијата и страдањата, ќе ни ги подари одговорите на желбите на нашите срца, и ќе ни ги подари Неговите прекрасни благослови.

Сигурен сум дека до сега сте сватиле дека, за да можете да ги примите одговорите од Бога преку огнот, да му ја оддавате славата Нему, и да ги добиете одговорите на желбите на вашите срца, морате прво да му ја покажете верата којашто ќе му биде благоугодна, морате да го уништите sидот на гревот што стои помеѓу вас и Него, и да замолите за одговор од Него, без и најмалку сомнеж којшто би се искажал во молитвата.

Како второ, морате радосно да изградите олтар за нудење жртви на Бога, да му ги понудите своите жртви и постојано ревносно да се молите. Како трето, сè додека не ги примите одговорите од Бога, морате со усните свои да познаете и признаете дека Бог ќе делува за вас. На Бога тогаш, ќе му биде многу угодно, и ќе ви одговори на вашите молитви, за да можете да му ја оддавате славата и благодарноста од сè срце.

Нашиот Бог ни одговара кога му се молиме заради проблемите коишто се однесуваат на нашата душа, децата, здравјето, работата, или било кој друг аспект од нашите животи, и ја прима славата што му ја оддаваме Нему. Ајде да ја поседуваме верата што ја поседувал пророкот Илија и да се молиме сè додека не ги примиме Неговите одговори, и да станеме Неговите благословени чеда, кои што секогаш му ја оддаваат славата на нашиот Отец Небесен!

Глава 7

Како да ги исполните желбите на своите срца

Сета радост твоја нека биде во ГОСПОДА; И Тој ќе ги исполни желбите на срцето твое

―――― ∞ ――――

(Псалм 37:4).

Голем број на луѓе денес, ги бараат одговорите на различни проблеми од Семоќниот Бог. Тие ревносно се молат, постат и низ целовечерната молитва се обидуваат да ги добијат одговорите за нивно оздравување, повторно заживување на нивните бизниси, рождеството на деца, и материјални благослови. За жал, поголем е бројот на луѓе кои што не успеваат во обидите за добивање на одговорите од Бога, за да можат да му ја оддаваат славата Нему, отколку што е бројот на оние кои биле успешни.

Ако не ги добијат одговорите во текот на месец или два, луѓето се заморуваат, кажувајќи си, "Бог не постои," се оддалечуваат од Бога, и почнуваат да им служат на идолите, а со тоа го оцрнуваат Неговото име. Ако некоја личност присуствува на богослужбите во црквата, но не успева да ја прими силата на Бога и да Му ја оддаде славата Нему, тогаш како тоа може да биде наречено "вистинска вера"?

Ако една личност се исповеда дека вистински верува во Бога, тогаш таа, како чедо Божјо, мора да биде во состојба да ги прима одговорите на своето срце и да ги исполни нештата кон кои тежнее во текот на животот. Но, голем е бројот на оние кои што не успеваат во обидите да ги исплнат желбите на своите срца, дури и да објават дека ја поседуваат цврстата вера. Тоа се должи на фактот што не се познаваат добро себеси. Преку поминувањето на она, на што ова поглавје е базирано, да ги разгледаме начините по коишто би можеле да си ги исполниме желбите на своите срца.

1. Како прво, мораме да си ги испитаме своите срца

Секоја личност мора да погледне наназад и да провери дали навистина верувала во Семокниот Бог, или можеби верувала со половина срце, сомневајки се, или пак преку итрото срце, единственото нешто што го барала била поголемата среќа во животот. Пред да го познаат Исуса Христа, поголемиот број на луѓето ги поминуваат своите животи во обожувањето на идоли, или ја ставаат довербата единствено во себе. Во времињата на големите испитувања или страдања, тие сепак, откако ќе сватат дека катастрофите со коишто се соочени, не можат да бидат решени со моќта и силата на луѓето, или на нивните идоли, па затоа почнуваат да размислуваат за светот и да слушаат за начинот на Бога, Кој што може да им ги реши проблемите, за на крајот да застанат пред Него.

Наместо да ги фиксираат своите очи на Богот на силата, луѓето во овој свет, едноставно во сомнеж си помислуваат, 'Дали би ми одговорил ако Го молев?' или 'Можеби молитвата може да ми ги реши проблемите.' Но, Семокниот Бог ја води историјата на човештвото, исто како што управува и со животите на луѓето, со смртта, проклетството и благословите, оживувањето на мртвите, а воедно го истражува и срцето на човекот, за да не ѝ испрати одговор на личноста, којашто во срцето свое има сомнеж (Јаков 1:6-8).

Ако една личност навистина сака да ги исполни желбите на своето срце, тогаш таа прво мора да го отфрли сомнежот од срцето свое, како и желбата за барање повеќе среќа за себе. Треба да верува дека веќе ги има примено одговорите за сè што бара од Бога. Единствено тогаш, волјата на Богот на силата ќе им ја подари Неговата љубов и ќе им дозволи да го добијат исполнувањето на желбите на своите срца.

2. Како второ, мора да се испитаат сигурноста во Спасението и нивото на верата на една личност

Големиот број верници во црквите денес, имаат проблеми со својата вера. Навистина е жално да се види изненадувачки големиот број на луѓе, кои што се наоѓаат во состојба на духовно талкање, и кои што не успеваат да видат, поради својата духовна ароганција, дека верата им тргнала во погрешен правец, а постои и голем број на оние, кои што го имаат недостатокот на сигурноста во Спасението, дури и по големиот број на години во животот и службата во Христа.

Римјаните 10:10 ни кажува, *"Затоа што, една личност со срцето свое верува, заради праведноста, а со устата се исповеда, заради Спасението."* Кога ќе му ја отворите вратата на своето срце и ќе го прифатите Исуса Христа како свој Спасител, преку милоста на Светиот Дух, што ви се дава на дар одозгора, од Небесата, го примате и авторитетот на чедото Божјо. Понатаму, кога ќе се исповедате преку своите усни, дека Исус Христос е вашиот Спасител, и во срцето свое навистина ќе поверувате дека Бог го воскреснал Исуса Христа од мртвите, ќе можете да бидете сигурни во своето Спасение.

Ако не сте сигурни дека ќе го примите Спасението, тогаш навистина постои проблем со вашата вера. Тоа е така затоа што, недостатокот на сигурноста во фактот дека Бог е вашиот Отец, дека по смртта ќе станете дел од Кралството Небесно и дека сте чедо Божјо, ќе ве спречи да го живеете својот живот според волјата на Бога.

Поради оваа причина, Исус ни кажува, *"Не секој кој што Ми кажува, 'Господи, господи,' ќе влезе во Кралството Небесно, туку само оној, кој што ја запазува волјата на Отецот Мој, Кој што е на Небесата"* (Матеј 7:21). Ако "Односот помеѓу Бога Отецот и синот (или ќерката)" сеуште не се воспоставил, тогаш сосем нормално, таквата личност нема да ги прима одговорите од Него. Дури и таквиот однос да се има воспоставено, ако во срцето на личноста постои нешто што е неисправно пред очита на Бога, таа исто така нема да може да ги прими одговорите од Него.

Затоа, ако сте станале чедо Божјо, кое што ја поседува сигурноста во Спасението, и кое што се кае заради животот којшто не бил според волјата на Бога, тогаш ќе ги примите одговорите од Него, и Тој ќе ви ги реши сите проблеми во вашите животи, како што се болестите, пропаста на бизнисот или финансиските проблеми, како и сите други нешта, во коишто Тој ќе делува за ваше добро.

Ако, на пример, го барате Бога заради проблемот којшто го имате со вашето дете, тогаш, преку Словото на вистината, Бог ќе ви помогне да ги сватите проблемите коишто постојат помеѓу вас и вашето дете. Понекогаш, вината лежи во децата; но сепак, најчесто се родителите тие, кои што се одговорни за тешкотиите кај своите деца. Пред да почнат да покажуваат со прстот кон некого, родителите се тие, кои што први треба да се покаат за своите гревови и погрешни патишта, да се трудат да ги воспитуваат своите чеда на исправен начин, и сè да ставаат во рацете на Бога. Тогаш Тој ќе им ја подари мудроста, и ќе делува за доброто и на родителите, и на децата.

Затоа, ако присуствувате на богослужбите во црквата и ги барате одговорите за проблемите со вашите деца, заради болестите, финансиите и слични нешта, тогаш немојте избрзано да почнете со постот и целовечерната молитва. Она што треба да го направите е да, преку вистината, ги сватите причините коишто довеле до затнување на каналот на комуникацијата помеѓу вас и Бога, да се покаете и одвратите од грешните патишта ваши. Бог потоа, ќе почне да делува за ваше добро и вие ќе го добиете водството на Светиот Дух. Ако не се обидете да го сватите и чуете Словото Божјо, ако не се обидете да го живеете животот според него, тогаш молитвата што ќе ја кажувате, нема да ви ги донесе одговорите од Бога.

Поради фактот што постојат голем број на различни ситуации, во коишто луѓето не успеваат во целост да го сватат значењето на вистината, и не успеваат да ги добијат одговорите од Бога и Неговите благослови, сите мораме да си ги исполниме желбите на нашите срца преку сигурноста во нашето спасение и преку животот којшто ќе биде според волјата на Бога (Второзаконие 28:1-14).

3. Како трето, морате да му угодите на Бога со вашите дела

Ако некој го признае Бога Создателот и го прифати Исуса Христа за свој Спасител, тогаш, како што ќе учи од вистината, така ќе се осветува и неговата душа ќе напредува. Како дополнение, кога таквата личност ќе продолжи да го открива срцето на Бога, таа ќе може да го живее својот живот онака, како што би му било благоугодно на Бога. Децата од две или три години не ги познаваат начините на кои би можеле да им угодат на своите родители, но кога ќе влезат во адолесцентниот период или ќе станат возрасни, ќе го знаат тоа. Според истиот тој принцип, колку повеќе чедата Божји ја сваќаат и живеат според вистината, толку повеќе можат да му угодат на Бога.

Во Библијата, во повеќе наврати ни се објаснети начините, според кои нашите татковци во верата ги примале одговорите на своите молитви, преку тоа што му угодувале на Бога. Како Авраам му угодувал на Бога?

Авраам секогаш ги барал и живеел во мирот и светоста (Битие 13:9), и му служел на Бога со сето свое тело, срце и ум (Битие 18:1-10). Тој во целост му се покорувал на Бога, без воопшто да ги вклучува своите сопствени размислувања околу нештата (Евреите 11:19; Битие 22:12), затоа што цврсто верувал дека Бог може да ги воскресне мртвите. Како резултат на тоа, Авраам го примил благословот Јеховајирех или "ГОСПОД ќе обезбеди," благословот на имањето деца, финансискиот благослов, благословот да има добро здравје и благословите во многу други нешта (Битие 22:16-18, 24:1).

Што направил Ное за да ги прими благословите од Бога? Тој бил најправедниот и најбезгрешниот меѓу луѓето од неговата генерација, и чекорел со Бога (Битие 6:9). Кога судот на потопот го проголтал целиот свет, единствено Ное и неговата фамилија можеле да го избегнат судот и да се здобијат со спасение. Затоа што Ное чекорел со Бога, тој можел да го послуша гласот на Бога и да ја подготви барката, којашто ќе го одведе неговото семејство кон спасението.

Кога вдовицата од Сарепта во 1 Кралеви 17:8-16 го засадила семето на верата во слугата Божји Илија, за време на три и пол годишната суша во Израел, таа примила неверојатни благослови од Бога. Бидејќи верно му послужила леб на Илија, направен од грст брашно од садот и од малку масло од врчвата, Бог ја благословил и го исполнил Своето Слово на пророштвото, коешто гласи дека, *"Брашното од садот не се потроши, ниту снема од маслото во врчвата, според Словото што ГОСПОД го изрече преку Својот слуга Илија, сè до денот кога ГОСПОД испрати дожд на лицето на земјата."*

Поради крајната грижа и почит, што угледната жена од Сунем во 2 Кралеви 4:8-17 ја искажала кон слугата Божји Елисеј, таа го примила благословот да може да роди син. Жената му служела на слугата Божји не затоа што очекувала нешто за возврат, туку едноставно заради фактот што искрено и од сè срце го сакала Бога. Дали не е логично таквата жена да го добие благословот од Бога?

Исто така можеме со леснотија да кажеме, дека на Бога му била благоугодна верата на Даниела и неговите три пријатели. Иако Даниел бил фрлен во лавовското дувло, поради тоа што му се молел на Бога, тој излегол од него без да биде повреден, поради довербата којашто ја имал во Бога (Даниел 6:16-23). Иако Даниеловите три пријатела биле врзани и фрлени во огнената печка, заради одбивањето да им се поклонат на идолите, тие му ја оддавале славата на Бога, откако излегле од печката без да имаат изгорено ниту еден дел од своите тела, па дури ниту косата не им била начната од огнот (Даниел 3:19-26).

Стотникот кој што се споменува во Матеј 8, му благоугодил на Бога со својата голема вера, па согласно со неа, и го примил одговорот од Бога. Кога му рекол на Исуса дека слугата му е болен, парализиран и во страшни маки, Исус се понудил да го посети во неговиот дом, и да го излекува слугата. Но, стотникот му кажал на Исуса, *"Само кажи го Словото, и мојот слуга ќе биде излекуван,"* и со тоа ја искажал својата голема вера и љубов за својот слуга, па Исус го наградил, *"Вистина ви велам, кај никого во Израел не ја најдов толку големата вера."* Затоа што секој ги добива одговорите од Бога, согласно со верата којашто ја поседува, слугата на стотникот бил излекуван во истиот миг. Алелуја!

Има уште примери. Во Марко 5:25-34 можеме да ја видиме верата на жената којашто 121 години страдала од крвотечение. И покрај грижата којашто ја примила од голем број на лекари, и парите коишто ги потрошила, нејзината состојба сè повеќе се влошувала. Кога ги чула вестите за Исуса, жената цврсто верувала дека ќе може да најде исцелување, ако само ја допре Неговата облека. Кога одзади му пришла на Исуса и ја допрела Неговата туника, жената била излекувана во истиот момент.

Какво срце имал стотникот по име Корнелиј, во Дела 10:1-8 и на каков начин тој, Незнабожец, му служел на Бога, за да може и тој, и сета нагова фамилија да го прими Спасението? Можеме да видиме дека Корнелиј и сета негова фамилија биле посветени и богобојажливи луѓе; и дека им дарувале милостина на луѓето во неволја, постојано молејќи му се на Бога. Затоа молитвите и даровите коишто Корнелиј им ги давал на сиромашните, станале спомен жртви пред Бога, а кога Петар го посетил неговиот дом, заради обожувањето на Бога, секој член од семејството на Корнелиј го примило Светиот Дух и благословот да може да зборува на страни јазици.

Во Дела 9:36-42 можеме да прочитаме за жената по име Табита (што преведено значи Срна) што секогаш правела добрини и им помагала на сиромашните, но се разболела и умрела. Кога Петар, поради повикот на учениците дошол кај неа, паднал на колена и се молел, а Табита воскреснала и се вратила во живот.

Кога чедата Божји си ги извршуваат своите од Бога зададени должности, тогаш живиот Бог ќе им ги исполнува желбите на нивните срца, и ќе делува во сите нешта за нивно добро. Ако вистински веруваме во овој факт, тогаш низ целиот наш живот ќе ги примаме одговорите од Бога.

Преку консултациите или дијалозите коишто ги правам со луѓето одвреме навреме, слушам за луѓето кои што некогаш ја поседувале големата вера, кои што верно служеле во црквата и биле искрено верни, но го напуштиле Бога поради некој долг период на искушение и страдање. Секој пат се чувствувам скршено заради неможноста луѓето да направат духовна дистинкција.

Ако луѓето вистински ја поседуваат верата во Бога, тогаш тие не би го напуштиле Бога, дури ни по тешките искушенија кои би им се случиле во животот. Ако во себе ја поседуваат духовната вера, тогаш тие секогаш би биле радосни, благодарни и би се молеле, дури и во времето на искушение и страдање. Тие никогаш не би дозволиле да го изневерат Бога, да паднат во искушение, или да ја изгубат својата потпора во Него. Понекогаш луѓето можат да бидат верни поради надежта за добивањето благослови, или заради признавањето од страна на другите. Но молитвата на верата и молитвата којашто е полна со надеж за благослов, лесно можат да се разликуваат, поради своите резултати. Ако една личност се моли со духовната вера, тогаш нејзините молитви секако ќе бидат проследени со дела што ќе му бидат угодни на Бога, и потоа ќе му ја оддава големата слава Нему, кога ќе ги прими одговорите на своето срце.

Со Библијата како наш водич, истраживме како

татковците на верата ја искажувале својата вера кон Бога, и какво срце имале за да му угодат на Бога, и да им ги исполни желбите на срцата нивни. Бидејќи Бог ги благословува, како што ни има ветено, сите оние кои што Му угодуваат – на начинот, на којшто Табита, којашто била вратена во живот, Му угодувала, на начинот, на којшто бездетната жена од Сунем Му угодувала и била благословена со син, и на начинот, на којшто Му угодувала жената која што по 12 годишното крвотечење се излекувала – затоа ајде и ние да веруваме и да ги насочиме нашите очи кон Бога.

Бог ни кажува, "'Ако можеш?' Сѐ е можно за оној кој што верува" (Марко 9:23). Ако веруваме дека Бог може да ги запре сите наши проблеми, ако целосно ги ставиме во Негови раце нашите проблеми во врска со нашата вера, болестите, децата и финансиите, ако во целост се потпреме на Него, тогаш Тој сигурно ќе делува за доброто на сите овие нешта за нас (Псалм 37:5).

Се молам во името на Исуса Христа, угодувајќи му на Бога, Кој што никогаш не кажува лаги, туку го извршува она што го кажал, секој од вас да го добие одговорот од Бога за желбите на своето срце, да му ја оддава славата и благодарноста на Бога, и да го води благословениот живот во Христа!

Автор:
Др. Џерок Ли

Др. Џерок Ли бил роден во Муан, Провинција Јеоннам,, Република Кореја, во 1943 година. Додека бил во своите дваесети години, Др. Ли страдал од најразлични, неизлечиви болести, во текот на седум години, па ја чекал смртта, немајќи надеж за закрепнување. Сепак, еден ден во пролетта од 1974 тој бил поведен во црква од страна на својата сестра, па кога клекнал да се помоли, живиот Бог веднаш го излекувал од сите негови болести.

Тој во еден момент го сретнал живиот Бог, доживувајќи го тоа прекрасно искуство. Др. Ли го сакал Бога со сето свое срце и искреност, и во 1978 тој бил наречен слуга Божји. Тој ревносно се молел, низ небоени молитви придружени со пост, за да може јасно да ја разбере волјата на Бога, во целост да ја исполни и да му се покори на Словото Божјо. Во 1982, тој ја основал Централната Манмин Црква во Сеул, Кореја, па безброј дела на Божјата сила, вклучувајќи ги тука и чудесните излекувања и исцелувања, знаците и чудесата, се случуваат во црквата од тогаш.

Во 1986, Др. Ли бил ракоположен за пастор на Годишното Собрание на Исусовата Сунгиул Црква од Кореја, за четири години подоцна, во 1990, неговите проповеди да почнат да се емитуваат во Австралија, Русија и на Филипините. Во текот на краток временски период, уште поголем број на земји бил досегнат низ Емитувачката Компанија на Далечниот Исток, па низ Емитувачката Станица на Азија, и низ Вашингтонскиот Христијански Радио Систем.

Три години подоцна, во 1993, Централната Манмин Црква била избрана како една од "Врвните Светски 50 Цркви" од страна на Христијанскиот Светски Магазин (САД) и го примил Почесниот Докторат на Божественоста, од Христијанскиот Верски Колеџ, Флорида, САД, а во 1996 ја примил својата докторска титула во Теолошкиот Семинар на Свештенствувањето од Кингсвеј, Ајова, САД.

Од 1993, Др. Ли го предводи процесот на светската евангелизација, низ многу прекуморски крсташки походи, во Танзанија, Аргентина, Лос Ангелес, Балтимор Сити, Хаваји и Њујорк Сити во САД, Уганда, Јапонија, Пакистан, Кенија, Филипини, Хондурас, Индија, Русија, Германија, Перу, Демократската Република Конго, Израел и Естонија.

Во 2002 тој бил признаен за "светски преродбеник" поради своите моќни свештенствувања во различните прекуморски крстоносни походи, од страна на главните Христијански весници во Кореја. Особено се истакнува 'Њујоршкиот Крстоносен Поход во 2006' одржан во Медисон Сквер Гарден, најпознатата арена во светот. Настанот бил емитуван до 220 нации, и на неговиот 'Израелски Обединет Крстоносен Поход во 2009', одржан во Интарнационалниот Собирен Центар (ICC) во Ерусалим, тој храбро објавил дека Исус Христос е Месијата и Спасителот.

Неговите проповеди биле емитувани до 176 нации преку сателитски преноси, вклучувајќи ги ГЦН ТВ и бил наведен како еден од 'Врвните 10 Највлијателни Христијански Водачи' во 2009-та и 2010-та година, од страна на популарниот Руски Христијански Магазин Во Победа и новинската агенција Христијански Телеграф за неговото моќно ТВ свештенствување и прекуморското црквено-пасторско свештенствување.

Од Мај, 2013-та, Централната Манмин Црква има конгрегација од повеќе од 120 000 членови. Постојат 10,000 подрачни цркви ширум светот, вклучувајќи ги тука и 56-те домашни подрачни цркви, и повеќе од 129 мисионерски служби кои биле основани во 23 земји, вклучувајќи ги тука и Соединетите Американски Држави, Русија, Германија, Канада, Јапонија, Кина, Франција, Индија, Кенија и уште многу други.

Од денот на објавувањето на оваа книга, Др. Ли напишал 85 книги, вклучувајќи ги и бестселерите Искушенија на Вечниот Живот пред Смртта, Мојот живот, Мојата вера I & II, Пораката на Крстот, Мерката на верата, Небеса I & II, Пекол, Разбуди се Израеле!, и Силата на Бога. Неговите дела биле преведени на повеќе од 75 јазици.

Неговите Христијански колумни се појавуваат во The Hankook Ilbo, The JoongAng Daily, The Chosun Ilbo, The Dong-A Ilbo, The Munhwa Ilbo, The Seoul Shinmun, The Kyunghyang Shinmun, The Korea Economic Daily, The Korea Herald, The Shisa News, и The Christian Press.

Др. Ли во моментот е водач на многу мисионерски организации и асоцијации. Други позиции кои ги има се следните: Претседавач, Обединетата Света Црква на Исуса Христа; Претседател, Светската Мисија на Манмин; Постојан Претседател, Здружение на Светската Христијанска Преродбена Мисија; Основач & Претседател на одборот, Глобалната Христијанска Мрежа (GCN); Основач & Претседател на одборот, Светската Христијанска Лекарска Мрежа (WCDN); и Основач & Претседател на одборот, Манмин Интернационална Семинарија (MIS).

www.ingramcontent.com/pod-product-compliance
Lightning Source LLC
LaVergne TN
LVHW051953060526
838201LV00059B/3630